Energy-Hypnose

Hypnose professionell anwenden

Ein Lern- und Übungsbuch

von

Dr. Claus Wunderlich

www.energy-hypnose.de

Wichtiger Hinweis:
Dieses Buch basiert auf den langjährigen praktischen Erfahrungen des Verfassers mit der Anwendung von Hypnose und Trance. Dabei hat der Autor die größtmögliche Sorgfalt walten lassen, um Mißverständnisse und Fehler zu vermeiden. Dennoch können diese nie völlig ausgeschlossen werden. Die Veränderungsarbeit mit Menschen sowie die Verwendung der Hypnose in all ihren Facetten liegen ausschließlich in der Verantwortung des Anwenders. Es kann nicht ausgeschlossen werden, daß Teile des Buches mißverstanden werden, oder der Einsatz eines der vorgestellten Verfahren eine ungewünschte Reaktion bei Klienten oder Anwendern bewirken kann. Eine Mitverantwortung des Autors besteht auch dann nicht, wenn unter Verweis auf die Darstellungen in diesem Buch gearbeitet wurde. Ferner wird hingewiesen auf die Bundesärzteordnung sowie das Gesetz über die berufsmäßige Ausübung der Heilkunde ohne Bestallung und das Gesetz über die Berufe des Psychologischen Psychotherapeuten und des Kinder- und Jugendlichenpsychotherapeuten.

Die Deutsche Nationalbibliothek
verzeichnet diese Publikation in der
Deutschen Nationalbibliografie; detaillierte
bibliographische Daten sind im Internet unter
http://dnb.d-nb.de
abrufbar.

Titelbild: Tino Petzold

Herstellung und Verlag:
Books on Demand GmbH, Norderstedt

ISBN 978-3-8423-5651-1

Inhalt

Verzeichnis der Übungen

1. Einführung

Energy-Hypnose entstand aus der langjährigen Praxis-Erfahrung in der Veränderungsarbeit und der optimalen Entfaltung persönlicher Potentiale, so daß die verschiedenen traditionellen Ansätzen auf innovative integriert wurden, und den entscheidenden Schritt vorwärts ermöglichten.

Denn der ganzheitliche Anspruch der Energy-Hypnose verlangt es, nicht nur das aktuelle Anliegen aufzulösen, sondern umfassende energetische Prozesse im Unbewußten in Gang zu setzen, um die gesamte persönliche Entwicklung auf positive Weise gleichsam zu transformieren und zu bereichern. Dabei ist sie gleichermaßen für Fremd- wie für Selbst-Hypnose prädestiniert.

Im Verlauf der Lektüre erfahren Sie zunächst alles über die grundlegenden Elemente der Energy-Hypnose, die Sie jeweils anhand zahlreicher Übungen selbst ausprobieren und einüben können, um mehr und mehr vertraut zu werden mit den schier unbegrenzten Möglichkeiten, die Ihr Unbewußtes eröffnet.

Damit haben Sie dann das Handwerkszeug beisammen, um bestens auf den Kern und Höhepunkt dieses Buchs vorbereitet zu sein: ein kommentiertes Transkript einer Energy-Hypnose-Sitzung. Diese eingehend durchzuarbeiten, möglichst zunächst ohne die Kommentierungen zu lesen, ermöglicht Ihnen, das Gelernte optimal zu verankern und selbständig anzuwenden. Um Ihnen dies zu erleichtern sind dort die Abläufe der Sitzung auf der linken Seite abgedruckt, die Erläuterungen Schritt für Schritt auf der rechten Seite, so daß Sie diese mühelos abdecken können und erst bei Bedarf und auf Wunsch offenlegen. Auch dies unterstreicht den interaktiven Übungscharakter dieses Buches, das Methoden des Accelerated Learning nutzt und vielmehr als ein Lernbuch konzipiert ist denn als ein Lehrbuch.

Im Epilog schließlich biete ich Ihnen eine Geschichte, die Ihr Unbewußtes ganz konkret bereichern kann und den krönenden Abschluß des hoffentlich faszinierenden Abenteuers dieser Lektüre darstellt. Dies sei Ihnen von ganzem Herzen gegönnt.

Worin bestehen nun die Unterschiede bzw. die Berührpunkte der Energy-Hypnose zu anderen bewährten und bekannten Ansätzen? Mit dem Autogenen Training nach Schultz und der Progressiven Muskelrelaxation nach Jacobson gemeinsam ist das Erreichen einer tiefen körperlichen Ruhe und einer intensiven Wahrnehmung der eigenen Körperempfindungen. Allerdings werden bei Energy-Hypnose zum einen tiefere Entspannungszustände erreicht, zum anderen zusätzlich auch gezielt ein sehr profundes geistiges Loslassen angestrebt. In dieser Hinsicht den verschiedenen Meditationsformen durchaus verwandt, grenzt sie sich jedoch von diesen einerseits durch bequemere Sitzpositionen ab, anderseits auch dadurch, daß eben nicht, wie bei den herkömmlichen Meditationen, ein Leeren des Geistes und damit angeblich erreichbare spirituelle Erleuchtungen angestrebt wird. Im Gegenteil sollen die inhärenten schöpferischen Energien freigesetzt werden, die bei vielen Menschen von unbewußten Blockaden an der Entfaltung ihrer vollen Potentiale gehindert werden. Und es werden über die reine Entspannung hinaus ganz konkrete Fragestellungen und Themen präzise gelöst.

Diese Praxis- und Zielorientiertheit entstammt in weiten Teilen ebenso den Anregungen des Neuro-Linguistischen Programmierens, wie auch dessen Methoden und Techniken wichtigen Eingang gefunden haben, jedoch ohne das teils recht starre theoretische Korsett übernommen haben zu müssen.

Eng sind naturgemäß die Beziehungen zu klassischen hypnotischen Verfahren, doch hebt sich Energy-Hypnose auf vielfältige Weise von den traditionellen

Ansätzen ab. Der seit Jahrzehnten schwelende Antagonismus zwischen der Erickson'schen Schule auf der einen und den direktiven Methode auf der anderen Seite wird überwunden und auf innovative Weise die erfolgreichsten Elemente aus beiden kombiniert. Zusätzlich liegt die Betonung auf der Aktivierung der individuellen energetischen Vitalität aus dem Unbewußten heraus. An dieser Stelle schließt sich der Kreis zu den Vätern der modernen Psychologie, z.B. Freud und Jung, die uns die Vorstellung vom Unbewußten[1] und seinen nahezu unerschöpflichen Möglichkeiten, den guten wie den schlechten, erst eröffnet haben.

Insgesamt nicht zu verwechseln ist Hypnose mit dem Zustand während einer Narkose. Weder ist man während jener in einer willenlosen, ausgelieferten Verfassung, noch völlig abgeschnitten von der Umwelt.[2] In sehr tiefen Trance-Zuständen tritt zwar tatsächlich die Umgebung teils vollständig in den Hintergrund, doch da sich das Unbewußte sogar in erhöhter Aufmerksamkeit befindet, kann und wird es die Hypnose jederzeit unterbrechen, wenn etwas wider die eigenen Werte, Ziele und Interessen geschehen sollte. Moderne bildgebende Verfahren haben jüngst auch bestätigt, daß das Gehirn während einer Hypnose im Gegensatz zur Narkose außerordentlich aktiv ist. Allerdings findet die Aktivität in völlig anderen Arealen statt als im Wachbewußtsein.

Seien Sie nicht überrascht, wenn Sie beim Lesen dieses Buches in Teilen den Eindruck gewinnen, nur partiell oder fragmentarisch erinnern zu können, was Sie

---

1 Da es sich bei den Begriffen Unbewußtes und Unterbewußtsein im Wesentlichen um Synonyma handelt, wird auch im Weiteren nur der erste verwendet.

2 In jüngerer Zeit mehren sich indes die Hinweise, daß auch während einer Narkose alles registriert wird, was in der Umgebung geschieht. Gerade durch Einsatz von Hypnose konnte im Nachhinein gezeigt werden, daß Patienten wortwörtlich abgespeichert hatten, was während einer Narkose im Operationssaal von den Ärzten gesprochen worden war. Die Implikation sind durchaus beunruhigend.

gelesen haben. Dies ist beabsichtigt und ein sehr gutes Zeichen, denn es belegt, daß Sie die Informationen unbewußt rezipiert haben, und sich dadurch der volle Effekt entfalten kann. So wie ein Traum, an den man sich eben noch erinnern konnte, aber dessen Inhalt man weniger und weniger greifen kann. Dennoch bleibt nicht nur die Erinnerung uneingeschränkt im Unbewußten erhalten, sondern die Wirkung intensiviert sich sogar noch dadurch, daß das Bewußtsein nicht mehr störend oder überkritisch intervenieren kann.

Auf die wichtigen und zentralen Konzepte im Zusammenhang mit Hypnose wird in diesem Buch umfassend eingegangen, allerdings auf ausufernde historische und theoretische Darstellungen genau deshalb auch bewußt verzichtet.[3]

Denn eines der vordersten Anliegen dieses Buches ist es, daß Sie mit seiner Hilfe eine Menge Neues und Unerwartetes über sich selbst lernen und das eine oder andere besser verstehen. Daher ist es durchaus angeraten, daß Sie die praktischen Übungen jeweils in aller Ruhe und mit Sorgfalt ausführen. Nicht nur weil alle richtig Spaß machen, sondern weil Sie auch nur dann den maximalen Nutzen und Gewinn aus der Lektüre ziehen. Weit mehr, als wenn Sie es einfach nur passiv konsumieren und die Aufgaben überspringen würden. Sicherlich ist auch das möglich und einzig Ihre persönliche Entscheidung, aber eben nicht optimal. Stift und Papier in greifbarer Nähe zu haben, ist daher auf jeden Fall empfehlenswert. Zur Einstimmung beginnen wir also am besten gleich mit einer kleinen spannenden Übung.

---

3 Hierfür existieren bereits umfassende und ergiebige Abhandlungen. Dem interessierten Leser sei für diesen Zweck exemplarisch das herausragende Werk 'Hypnose' von Hans-Christian Kossak empfohlen.

Übung: Bärengeschichten

Im folgenden finden Sie drei kurze, sehr ähnliche Geschichten. Entscheiden Sie zunächst rein intuitiv, welche der Geschichten Ihnen am besten gefällt, bzw. welche Ihnen am wenigsten gefällt. Im späteren Verlauf dieses Buchs werden Sie dazu noch einige interessante Erläuterungen finden, die Ihnen auch einiges über sich selbst verraten können.

Geschichte 1

Es war einmal ein großer Bär mit einem glänzenden dunkelbraunen Fell und leuchtenden schwarzen Augen, der tief im finsteren Wald wohnte. Jeden Tag, so am späten Nachmittag besuchte er eine kleine Lichtung, in die um diese Zeit die Sonne direkt hinein strahlte und sie in einem ganz eigenwilligen rot-goldenen Licht erglühen ließ. Der Bär schaute sich dort immer um, denn es gab viel zu sehen. Jede Menge hübscher Blumen, mit ganz unterschiedlichen Blüten konnte er dort betrachten. In allen erdenklichen Farben, schöner und intensiver als zu jeder anderen Tageszeit und an jedem anderen Ort. Und er konnte beobachten, wie fleißige Bienen ihren eigenwilligen Tanz vollführten und bunte Schmetterlinge, rote Pfauenaugen, gelbe Zitronenfalter und die königsblauen Monarchfalter ihre Flügel im grellen Sonnenlicht aufschlugen. Jede einzelne Schuppe auf den Flügeln konnte er in der intensiven Helligkeit erkennen. Und so ließ er seine Augen gerne wandern über die Schönheit dieses Platzes und dieser Stunden, bis die Dämmerung langsam die Szenerie in einen fahleren Schein tauchte, und irgendwann die Nacht mit ihren Schatten alles in Dunkelheit tauchte. Doch dann blinkten die kleinen Fünkchen hunderter Glühwürmchen durch den Wald, genauso wie tausende Sterne am Himmel funkelten. Beides wies ihm den Weg zurück zu der dunklen Höhle, in der er sich müde und entspannt im Schein eines kleinen Lagerfeuers schlafen legte, um vor seinem geistigen Auge viele schillernde Träume erscheinen zu lassen.

Geschichte 2

Es war einmal ein Brummbär, der wohnte in einem ruhigen Wald. Jeden Tag, wenn am Zwitschern der Vögel zu vernehmen war, daß nun der Nachmittag gekommen war, machte er sich auf zu seinem Lieblingsplatz, einer stillen Wiese tief im Inneren des Waldes. Dort lauschte er dem leisen Plätschern des Bächleins, das hindurch floß, hörten den Gesängen der unterschiedlichen Vögel zu, von denen manche eher ein ausgelassenes Pfeifen von sich gaben, andere melodiöse Liedchen trällerten und wieder andere fröhlich tirilierten. Dazwischen summte immer mal wieder ein Biene an ihm vorbei und manchmal surrte eine große Libelle durch die Stille. Wenn die Gesänge der Piepmätze langsam verstummt waren, und das Rauschen des Windes lauter wurde, wußte er, daß nun der Abend gekommen war und schon bald ein ganz anderes Konzert erklingen würde. Und so ließ er sich alsbald vom Orchester der Nacht zurück zu seiner Höhle begleiten; von den Rufen der Eulen und dem Singen der Nachtigallen, dem Heulen der Wölfe, dem Quaken der Frösche und dem Zirpen der Grillen. Müde legte er sich dort zur Ruhe, lauschte noch ein bißchen dem leisen Knistern des Lagerfeuers, um alsbald sang- und klanglos ins Reich der Träume zu driften.

Geschichte 3

Es war einmal ein kuscheliger Bär mit einem dicken Fell, der wohnte behaglich tief in einem großen, dicht mit Bäumen bewachsenen Wald. Jeden Tag, wenn der Nachmittag mit seinen milden Temperaturen gekommen war, schlenderte er über einen etwas holprigen Trampelpfad zu seinem Lieblingsplatz, einem gemütlichen, freien Eckchen umgeben von hohen Gewächsen. Dort legte er sich gerne auf das weiche Gras oder spielte mit der Tatze im kühlen Naß des Bächleins, das dort vorbei floß. Er mochte den Geruch der Blumen, die dort wuchsen und er genoß sehr die wärmenden Sonnenstrahlen. Sobald der Wind ein wenig stärker wurde, und er die abendliche Feuchte auf seinem Pelz spürte, wußte er, daß es an der Zeit war, langsam und gemütlich durch die frische, kühle Brise des Abends zu seiner Höhle zurück zu stapfen. Dort machte er sich gleich ein wärmendes Lagerfeuerchen, genoß ein leckeres Abendessen und legte sich auf sein sanftes Kissen. Er zog sich noch die flauschige Decke über die Nase und schlief alsbald wohlig ein, um in Morpheus' Armen seine Reise in das weite Land der Träume zu beginnen.

1. Welche der drei Geschichten hat Ihnen am besten gefallen?

   O Geschichte 1 O Geschichte 2 O Geschichte 3

2. Welche der drei Geschichten hat Ihnen am wenigsten gefallen?

   O Geschichte 1 O Geschichte 2 O Geschichte 3

3. Welche Unterschiede zwischen den Geschichten sind Ihnen aufgefallen?

Ein Wort noch zu den drei Arten von Menschen, die typischerweise einen Coach oder Therapeuten aufsuchen:

Klienten

Dies sind Personen, die ein echtes Anliegen und eine hohe Motivation besitzen, etwas an ihrer Persönlichkeit, ihrem Verhalten und/oder in ihrem Leben zu verändern und zu entwickeln. Meist haben sie auch eine relativ konkrete Vorstellung davon, welche Form von Unterstützung sie seitens des Coach möchten und welches Ziel sie mit dessen Hilfe erreichen möchten.

Besucher

Dabei handelt es sich um Leute, die in aller Regel von jemand anderem geschickt oder zumindest dazu bewegt worden sind, um professionelle Unterstützung bei einem Thema in Anspruch zu nehmen. Das können Partner, Vorgesetzte, Eltern, Ärzte oder sogar staatliche Behörden gewesen sein. Daran läßt sich bereits ablesen, daß der eigene Ansporn für Veränderung nicht wirklich ausgeprägt sein dürfte. Ein derartiges Zusammentreffen kann für Coach und Besucher durchaus nett und unterhaltsam verlaufen; viel bewirken wird es indes zumeist nicht. Nicht nur, daß die fehlend Motivation kaum Raum bieten wird, liebgewonnene Gewohnheiten tatsächlich abzulegen. Es stellt sich auch die Frage, ob dieses Ziel seitens des Therapeuten überhaupt verfolgt werden sollte. Denn wirklich im erklärten Interesse des Gastes liegt es offenbar ohnehin (noch) nicht.

Kläger

Die wirklich problematischen Individuen sind jene, denen es dezidiert primär darum geht, Frust und emotionale Enttäuschungen bei jemand anderem 'abzuladen'. Vordergründig kommen diese Personen zwar mit einem definierten Anliegen, doch in Wirklichkeit besteht nicht das geringste Interesse daran, sich mit diesem konstruktiv auseinanderzusetzen. Dies wird meist recht zügig daran deutlich, daß gegen jedes Angebot der Veränderung sofort allerlei scheinbar gute Gründe angeführt werden, weswegen dies jeweils kein gangbarer Weg sei. Stattdessen werden weitere endlose Klagen und Beschwerden über alles mögliche vorgebracht. Man darf den Effekt nicht unterschätzen. Zumeist fühlt sich so jemand nach einer Stunde des Jammerns, Nörgelns und Lamentierens durchaus erleichtert. Natürlich nicht dauerhaft, denn wirklich anders ist ja nichts geworden. Das Gegenüber hingegen bleibt allzuoft wie seelisch ausgesaugt zurück; daher auch der Ausdruck 'emotionale Vampire' für Menschen dieses Schlages.[4] In so einem Fall hilft nur, sich selbst gefühlsmäßig abzuschotten. Bewirken kann man ohnehin nichts, und die eigene Psychohygiene hat hier absolut Vorrang, ohne daß deswegen ein schlechtes Gewissen angebracht wäre.

Nun drängt sich natürlich auch die interessante Frage auf, ob es bei den Käufern und Lesern von Büchern wie diesem ebenfalls diese drei Kategorien gibt, und zu welcher man gegebenenfalls selbst gehört. Den Gewinn, den man aus dem Lesestoff zu ziehen vermag, könnte die Antwort durchaus maßgeblich beeinflussen.

---

4 Schon frühzeitig ereilte mich diesbezüglich eine prägende Erfahrung. Nach einer wahren Orgie des ausgiebigsten Beschwerens und Haderns mit der persönlichen Situation - von Beziehungsproblemen über die Arbeitsstelle bis zur Wohnsituation - ging es der klagenden Person irgendwann richtig gut. Ich war dafür emotional dermaßen runtergezogen worden, daß es fast vier Tage und diverser Selbstmanagementtools bedurfte, bis ich mich davon halbwegs erholt und wieder in eine einigermaßen stabile Gemütsverfassung zurückgefunden hatte.

2. Gefühle

Die Bedeutung, die das Thema Gefühle in der Veränderungsarbeit spielt, kann wohl nicht hoch genug eingeschätzt werden. Speziell geht es dabei darum, daß vielen Menschen der Zugang zu ihren Gefühlen kaum in sinnvollem oder gar möglichem Rahmen zur Verfügung steht. Wichtig ist in diesem Zusammenhang auch die Unterscheidung zwischen den nominalisierten Bezeichnungen bestimmter Gefühle, als z.B. Begriffe wie 'Angst', 'Wut', 'Freude', 'Lust', und den diesen zugrundeliegenden körperlichen Empfindungen.

Die genannten Bezeichnungen umschreiben lediglich ein Bündel an physischen Wahrnehmungen, die von der betreffenden Person mit diesem Etikett versehen sind. Nehmen wir zur Verdeutlichung als Beispiel das Gefühl 'Wut': denken Sie an eine Situation, in der Sie so richtig wütend waren. Und dann achten Sie einmal ganz genau auf die verschiedenen Sensationen in Ihrem Körper. Bei manchen mag es ein Pulsieren im Bauch sein, beschleunigtes Atmen, schneller Herzschlag, ein Zusammenballen der Fäuste, ein Druck hinter der Stirn, ein Gefühl der Wärme im Gesicht sowie Muskelspannung in den Beinen. Bei anderen hingegen ist es eine völlig andere Kombination an physischen Empfindungen, die mit dem Namen 'Wut' assoziiert ist.

Wie kann man diese Unterschiede erklären? Eine plausible Theorie bezieht sich darauf, daß man als Kind irgendwann bestimmte körperliche Empfindungen hatte, ohne zu dieser Zeit damit irgendwelche Begrifflichkeiten zu verbinden. Und in dieser vorsprachlichen Phase gab es dann jemanden, zumeist eine nahestehende Person, die einem in diesem Moment sinngemäß etwas in der Art mitteilte: "Du bist wütend!". Fortan hatten diese spezifischen Empfindungen, für die es zuvor kein Wort zu ihrer Beschreibung gab, sondern die einfach als körperliches Fühlen vorhanden waren, einen Namen bekommen.

Dies macht deutlich, daß somit der Begriff 'Wut' nicht für jeden wirklich dasselbe Empfinden beschreiben muß. Es hängt stark davon ab, welche Zusammenstellung an körperlichen Wahrnehmungen die Person gerade empfand, als diese Form sprachlicher Prägung stattfand, und die entsprechende Etikettierung übernommen wurde. Selbstverständlich ist das zu dem Zeitpunkt noch nicht in Stein gemeißelt, und mithin können und werden in der weiteren Entwicklung noch gewisse Anpassungen erfolgen. Auch durch weitere Rückmeldungen insbesondere seitens wichtiger Bezugspersonen. Und naheliegenderweise werden sich die jeweiligen Empfindungen unterschiedlicher Individuen in vielen Teilen durchaus ähneln; dies ist schon kulturell bedingt kaum zu vermeiden. Denken Sie allerdings einmal an komplexere Gefühlsregungen wie 'Liebe', so können die Unterschiede darin, was einzelne Menschen damit verbinden, gleichwohl enorm sein.

Das Faszinierende dabei ist, daß sich diese substantivierten Etikettierungen der Gefühle meist sehr schnell verselbständigt. D.h. das eigentlich zugrundeliegende körperliche Geschehen ist den meisten Menschen so ohne weiteres bewußt nicht mehr zugänglich. Fragen Sie jemanden, was er oder sie in einer emotional intensiven Situation gefühlt hat, so bekommen Sie als Antwort typischerweise einen der erwähnten Begriffe. Haken Sie dann nach, was denn in der Begebenheit tatsächlich körperlich empfunden worden ist, bewirkt dies meist ein gewisses Erstaunen sowie Verwirrung, was der Fragensteller eigentlich wolle, schließlich wurde doch gerade eine Antwort gegeben. Häufig erfordert es geraume Zeit und wiederholtes spezifisches Nachfragen mit - im wahrsten Sinne des Wortes - allerhand Fingerspitzengefühl, um nach und nach die einzelnen Empfindungen wieder zugänglich zu machen. Es sei dabei daran erinnert, daß das Wort 'Gefühl' ja seinen linguistischen Ursprung nicht zufällig im 'Fühlen', also im etwas körperlich - also kinästhetisch - wahrnehmen hat.

Assoziiert vs. Dissoziiert

Die eigenen Gefühle direkt und selbst zu erleben, bedeutet, mit diesen und sich assoziiert zu sein. Im Gegensatz dazu kann man beides auch dissoziiert wahrnehmen, quasi von außen. So als würde man sich selbst extern betrachten. In diesem Fall ist man von den eigenen Gefühlen getrennt.

Beides hat seine Berechtigung und ist je nach Kontext angemessen. Gerade in Bezug auf negative Gefühle ist es oft hilfreich und sinnvoll, sich von diesen zumindest zeitweise dissoziieren zu können. Mindestens solange deren direktes Empfinden der Lösungsfindung nicht dienlich ist. Auch das analytische Reflektieren einer Begebenheit vollzieht sich im dissoziierten Zustand ungleich effizienter. Anderseits erscheint es doch ausgesprochen ratsam, in angenehmen oder emotional bewegenden Situationen möglichst stark mit den eigenen Gefühlen assoziiert zu sein. Sicherlich fallen Ihnen einige hierfür taugliche Gelegenheiten ein.

Abgesehen davon, daß es zahlreiche Personen gibt, die ein beeindruckendes Talent dabei entwickelt haben, sich von ihren angenehmen Gefühlen zu dissoziieren, dafür aber die schlechten Gefühle voll assoziiert zu erleben, ist die weitverbreitete Beobachtung, daß viele Menschen sich von praktisch allen ihren Gefühlsregungen weitestgehend entfremdet haben.[5] Dies ist relativ leicht erkennbar, denn so jemand wird über und von sich praktisch nie in der ersten Person Singular sprechen.

Die mildeste Variante dabei ist das beständige Verschanzen hinter einem nicht näher spezifizierten 'Wir'. Immerhin inkludiert das den Sprecher prinzipiell noch.

5 Welche der beiden Varianten dabei die noch weniger erstrebenswerte ist, sei dabei einmal dahingestellt.

Deutlich abgespaltener und im Grunde grotesk verwirrend wirkt da schon das Verwenden der zweiten Person, also des 'Du', wenn eigentlich über eigene Angelegenheiten gesprochen wird. Die mit Abstand verbreitetste Version ist jedoch das kleine Wörtchen 'man'. Achten Sie einmal darauf, wieviele Leute Ihnen tagtäglich begegnen, die in ihrem Wortschatz das 'ich' praktisch komplett durch 'man' ersetzt haben, und die somit von sich permanent in der dritten Person sprechen. Ob sie von sich auch in der dritten Person denken und fühlen, bleibt Ihrer Einschätzung überlassen.

Übung: Gefühle

1. Versetzen Sie sich nacheinander assoziiert in die folgenden Gefühlszustände[6], beispielsweise indem Sie sich an ein entsprechendes Erlebnis erinnern. Notieren Sie ausführlich alle Empfindungen in Ihrem Körper, vom Kopf bis zu den Füßen. Seien Sie dabei so spezifisch wie möglich: nicht nur was den Ort und die Intensität der Wahrnehmung angeht. Achten Sie auch darauf, ob etwas pulsiert oder sich bewegt.

Angst:

____

____

____

6 Es handelt sich dabei um die von Paul Ekman bei seinen Forschungen herausgearbeiteten universellen Gefühle, die er in den unterschiedlichsten Kulturen weltweit immer wieder finden konnte. Dennoch verfügt beispielsweise die Deutsche Sprache über noch erheblich mehr und differenziertere Gefühlsbeschreibungen.

Wut:

Trauer:

Freude:

Überraschung:

Ekel:

2. Ergänzen Sie weitere Gefühle, die in Ihrem Leben eine wichtige Rolle spielen und führen Sie vorherige Übung mit diesen ebenfalls durch.

Gefühl:

Gefühl:

3. Stellen Sie sich vor einen Spiegel, versetzen Sie sich erneut in die jeweiligen Gefühlszustände und beobachten Sie dabei Ihre Mimik. Wenn Sie möchten, können Sie auch notieren, was Ihnen im Einzelnen alles auffällt.

4. Nehmen Sie diese Übung als Anregung in Ihren Alltag mit. Wann immer Sie sich in einer Situation erleben, in der Sie eine intensive Gefühlsregung bei sich wahrnehmen, gehen Sie kurz in sich und achten auf die verschiedenen Empfindungen in Ihrem Körper. Sie werden vielleicht einige Überraschungen feststellen. Jedenfalls sind Sie nach dieser kleinen Übung bestens darauf vorbereitet.

“Ein Indianer kennt keinen Schmerz!“

Jenseits der oben beschriebenen semantischen Ablösung der Gefühlsbegriffe von ihren eigentlichen physiologischen Bedeutungen existiert noch ein weit gravierenderer und für diverse Probleme verantwortlicher Mechanismus, der den individuellen Zugang zu den eigenen Gefühlen verhindert. Vielen Menschen wurde zu einer Zeit ihrer Entwicklung, als sie für solche Effekte anfällig waren, entweder das Ausdrücken, oder sogar gleich das Erleben bestimmter Gefühle untersagt. Wobei ersteres ohnehin meist sehr bald zu letzterem führt.

Überflüssig zu erwähnen, daß keines der Gefühle, um die es dabei gehen kann, gut oder schlecht, falsch oder richtig, berechtigt oder unberechtigt ist oder war. Dies sind schlicht völlig unpassende Kategorien. Gefühle sind einfach. Punkt! Alles andere sind Wertungen, die an dieser Stelle komplett unangebracht sind. Zwar gibt es Situationen, die mißverstanden werden und daher u.U. Gefühle hervorrufen, die unangemessen oder unverständlich erscheinen. Doch das ist etwas fundamental anderes, als die emotionale Reaktion als unpassend zu betrachten.

Und selbstverständlich rechtfertigt oder entschuldigt das Gesagte in keinster Weise jedwedes aus einer Gefühlswallung heraus an den Tag gelegtes Benehmen oder Verhalten gegenüber anderen. Diesbezüglich sind Bewertungen durchaus statthaft und angebracht. Doch das schlichte Empfinden und (verbale) zum Ausdruck bringen eines Gefühls sollte einem jeden freistehen.

Indes gibt es Situationen, in der eine Person mit den Gefühlen einer anderen beispielsweise überfordert ist, oder ihr diese Gefühle unangenehm, unbequem oder lästig sind. Oder es bestehen moralische Vorbehalte. Die Palette der Emotionen, die davon betroffen sein können, ist dabei beliebig breit, doch bei den am häufigsten involvierten dürfte es sich um Formen von Wut, Trauer, Schmerz und Angst handeln, aber auch um Lust und Freude.

Steht die betroffene Person in einem Abhängigkeitsverhältnis zu der oder den Personen, für welche gewissen Gefühlsregungen unerwünscht sind, so existieren verschiedene Formen, diese Mißbilligung deutlich zu machen, und letztendlich die Unterdrückung der unerbetenen Affekte zu bewirken. Das Spektrum reicht von rein kühler verbaler Ablehnung, über Liebes- und Aufmerksamkeitsentzug, Isolation, lautstarken Ausbrüchen und Drohungen bis hin zu offener Gewalt.[7]

Fatalerweise sind die Emotionen daraufhin zwar verdrängt, aber nicht wirklich verschwunden. Entweder brechen sie dann sporadisch vehement hervor, oft bei von außen betrachtet unangemessenen Gelegenheiten oder scheinbar nichtigen Auslösern, oder sie werden sich andere Wege, bzw. andere Zielobjekte als die eigentlich kausalen suchen. Womöglich aber auch veränderte emotionale Formen annehmen, eben eine der Varianten, die nicht verpönt sind und daher erfahren und ausgelebt werden können und dürfen.

---

7 Eine besondere Bedeutung hat in diesem Zusammenhang das Thema des sog. 'Egoismus'. Heutzutage wird das Wahren der eigenen Interessen offiziell häufig als negativ deklariert, und von verschiedensten Seiten bereits frühzeitig im Leben vermittelt, es sei schändlich, böse, asozial, unsolidarisch, moralisch verwerflich u.s.w., an sich selbst und die eigenen Bedürfnisse zu denken. Selbstverständlich stellen solche Werturteile lediglich subjektive Meinungen dar; so vertritt beispielsweise Ayn Rand, die bedeutendste Philosophin des 20. Jahrhunderts, bezüglich des menschlichen Egoismus eine ethisch völlig konträre und höchst positive Sichtweise. Wesentlich interessanter ist jedoch die Tatsache, daß solche Stigmatisierungen selbstbezogenen Denkens und Handelns zumeist selbst aus rein egoistischen Motivationen heraus geschehen und betrieben werden. Denn wer erfolgreich dazu manipuliert wurde, immer nur das erklärte Wohl und Wehe anderer im Auge zu haben, wird leicht zum willfährigen Spielball der Interessen des Gegenübers. Wichtig für unsere Fragestellungen ist darüber hinaus in erster Linie die eklatante, aber für das Opfer solcher Doppelmoral und Gehirnwäsche meist schwer bis gar nicht durchschaubare inhärente Widersprüchlichkeit dieses Verteufelns von 'Egoismus' aus eigennützigen Motiven. Derartige pragmatische Paradoxien - von Paul Watzlawick als 'Double Bind' (was auf Deutsch in etwa: 'Zwickmühle' bedeutet) bezeichnete Situationen - besitzen ein massives pathogenes Potential.

Exkurs: Satir-Kategorien

Von Virginia Satir, der Pionierin der Familientherapie, stammt das Konzept, demgemäß Menschen unter emotionalem Streß typischerweise auf eine von vier Weisen reagieren. Das betrifft insbesondere Situationen, in denen bestimmte Emotionen vor sich und anderen verborgen werden sollen oder müssen.

1. Anklagen: lautstark, vorwurfsvoll, dominant, aggressiv, alles und jeden runtermachend - um vor sich und anderen zu verbergen, wie wertlos und verletzt man sich fühlt.
2. Beschwichtigen: entschuldigend, leise, unterwürfig, rechtfertigend, besänftigend, alle Schuld auf sich nehmend - um nicht die Angst zu fühlen, ohne den oder die anderen verloren zu sein.
3. Rationalisieren: extrem sachlich, logisch, kopflastig, betont rational, monoton - Motto: wenn ich gar nichts spüre, tut auch nichts weh.
4. Ablenken: im Kern ein hektischer Wechsel der vorherigen drei Muster, sinnarme und endlose Ausführungen machend - um jedem Gefühl schnellstmöglich auszuweichen und sich und andere nicht erkennen zu lassen, daß man sich als ungemocht und nicht zugehörig empfindet.

Das jeweilige Erkennen und Zuordnen dieser Stereotype liefert dabei unschätzbare Hinweise darauf, was mit und in einer Person vor sich geht, und inwiefern das Negieren von Gefühlen ein Thema sein dürfte.

Übung: Satir-Kategorien

Denken Sie an verschiedene Personen aus Ihrem Bekanntenkreis. Welche der vier Verhaltensmuster legen diese typischerweise unter emotionaler Anspannung an den Tag?

Deutlich erkennbar ist aus den gemachten Ausführungen, daß in vielen Fällen auf teils massive Weise affektive Energien einer Person in destruktive Bahnen umgelenkt werden. Zu allermeist bedeutet allein das Negieren der eigenen Emotionen bereits erhebliche und zwangsläufig unbewußt stattfindende Anstrengungen. Das als Folge das gesamte Umfeld einer solchen Person in Mitleidenschaft gezogen wird, und der oder die Betroffene darüber hinaus auch stets mit Verve bemüßigt sein wird, die Gefühle, die man sich selbst nicht zugestehen darf, auch bei anderen zu bekämpfen, macht die weitreichende Dimension der gesamten Problematik eindringlich klar.

Und zweifelsfrei geht damit auch für die Betroffenen selbst eine unermeßliche Tragik einher, denn es ist kaum vorstellbar, daß jemand nennenswert Lebensfreude spüren oder gar ein glückliches, erfülltes Dasein wird haben können, wenn der Zugang zu den existentiellen emotionalen Regungen nicht nur nicht gegeben ist, sondern sogar permanent bekämpft und unterdrückt werden muß.

Aus diesem Grund ist es ein zentrales Anliegen des Ansatzes der Energy-Hypnose, explizit genau diese Blockaden aufzulösen und den Klienten ausdrücklich die Erlaubnis zum Erleben der eigenen Gefühle sowie den uneingeschränkten Zugriff auf diese zu ermöglichen. Gemäß dem bekannten Diktum von Virginia Satir: alle sollten die Freiheit haben, das auszusprechen, was wirklich gefühlt und gedacht wird - anstatt das, was von einem erwartet wird; und alle sollten die Freiheit haben, zu ihren Gefühlen zu stehen - anstatt etwas anderes vorzutäuschen.

3. Kinesiologie und O-Ring-Test

Die unter dem Oberbegriff Kinesiologie zusammengefaßten Methoden und Verfahren gründen allesamt auf der Idee, daß die Intensität der Muskelspannung Rückschlüsse auf den emotionalen Zustand einer Person zuläßt. Auf diesem Gedanken basiert letztlich auch der in manchen Ländern sogar für Gerichtsverfahren verwendete Einsatz von Polygraphen (umgangssprachlich meist Lügendetektor genannt), der mittels des Nachweises physiologischer Veränderungen bei einem Probanden die Beurteilung seiner aktuellen seelischen Verfassung ermöglichen soll.

Denn für die meisten - allerdings nicht für alle - Menschen stellt das Lügen emotionalen Streß dar, der die Muskelspannung verringert, ebenso wie jede andere Streßsituation auch. Diese läßt sich natürlich auch ohne aufwendige technische Hilfsmittel messen, z.B. unter Zuhilfenahme des Armmuskels oder mittels Zeigefinger und Daumen, wobei letztgenanntes allgemein bekannt ist unter dem Namen O-Ring-Test (bzw. auch Omura-Ring-Test).

Diese auch Myostatik[8]-Verfahren genannten Methoden haben mittlerweile in zahlreiche Coaching- und Therapie-Ansätze Eingang gefunden, wobei das Spektrum von physiotherapeutischen Anwendungen wie der Chiropraktik bis in esoterische Bereiche hinein reicht. Letztlich eben immer dann, wenn es darum geht, Zugang zu Gefühlen zu bekommen, die außerhalb der bewußten Wahrnehmung des Klienten liegen, besitzen diese in der Durchführung denkbar einfachen Verfahren unschätzbaren Wert für die Aufdeckung unbewußter Motivationen und Zusammenhänge. Spezifisch sogar zur Erforschung tief verdrängter Traumata aus frühesten Lebensphasen, die spätestens seit

---

8 Griechisch 'Myo': Muskel und 'Statikos': zum Stillstand bringen

Entwicklung der Psychoanalyse und gestützt durch die Erkenntnisse der Transaktionsanalyse als von entscheidender Bedeutung für die persönliche Lebensgeschichte angesehen werden.

Zur Illustration der Effekte der aktuellen Gemütslage auf den Muskeltonus können Sie jederzeit selbst einmal darauf achten, wie sich Ihre gegenwärtige Stimmung stärkend oder dämpfend auf die eigenen Kräfte auswirkt und sich dabei überlegen, ob diese Effekte nicht auch sehr subtil stattfinden.

Ganz allgemein bedeutet das Erleben oder auch nur das Erinnern von Ereignissen, die mit unangenehmen Gefühlen verbunden sind, einen Belastungszustand, der sich auf die unwillkürliche Muskelspannung auswirkt. In diesem Zusammenhang von nicht zu unterschätzender Bedeutung sind dabei die Reaktionen anderer Personen, die förderliche oder schwächende Auswirkungen eben nicht nur auf die seelische, sondern merklich auch auf die körperliche Verfassung zeitigen können. Dies geht so weit, daß bei vielen Menschen sogar das Betrachten eines rein schematisch dargestellten Gesichts beeindruckende Effekte hervorrufen kann, je nachdem, ob ein lachendes oder ein mit nach unten gerichteten Mundwinkeln gezeichnetes Konterfei angeschaut wird.

Übung: Armmuskel-Test

Für diese Übung benötigen Sie einen Partner.

Zeichnen Sie die beiden folgenden Abbildungen jeweils einzeln auf ein Blatt Papier:

1. Halten Sie die beiden Zeichnungen zunächst verdeckt. Bitten Sie Ihren Partner, einen Arm waagrecht zur Seite zu strecken und ihn so fest wie möglich gerade zu halten.

   Nun zeigen Sie ihm das Bild mit dem lachenden Gesicht. Versuchen Sie, den Arm Ihres Partners nach unten zu drücken. Vermutlich werden Sie dabei nicht viel ausrichten können (außer Sie sind erheblich stärker).

   Nehme Sie das Bild weg und zeigen Sie stattdessen das Gesicht mit den nach unten weisenden Mundwinkeln. Versuchen Sie erneut, den Arm des anderen nach unten zu drücken. Höchstwahrscheinlich werden Sie diesmal erheblich weniger Widerstand verspüren. Indessen ist der einzige Unterschied, daß einmal ein lachendes, und das andere Mal ein ernstes Gesicht betrachtet wird, obendrein ein nur sehr schablonenhaft gezeichnetes!

2. Tauschen Sie nun die Rollen und führen Sie die Übung erneut durch, damit auch Sie die andere Perspektive selbst erfahren können.

Eine der elegantesten und für zahlreiche Einsatzmöglichkeiten verwendbare Methoden aus der Kinesiologie stellt der sog. O-Ring-Test dar, der von dem New Yorker Arzt Omura entwickelt wurde. Dabei formt der Klient aus Daumen und Zeigefinger einer Hand ein 'O', und bemüht sich, die Spitzen dieser beiden Finger so fest wie möglich zusammen zu halten. Der Coach zieht nun seinerseits mit seinen Händen jeweils am Zeigefinger und Daumen des Klienten, um diese voneinander zu trennen, also das von diesen gebildete 'O' zu öffnen. Ist der Coach nicht erheblich kräftiger als der Klient, wird er dabei im Normalfall nicht viel bewirken. Befindet sich der Klient indes unter emotionalem Streß, so läßt seine Muskelkraft in aller Regel so spürbar nach, daß sich die beiden Finger nun ohne große Mühe mehr oder weniger deutlich auseinander ziehen lassen.

Da die Reaktionen nicht bei jedem identisch sind, ist es unerläßlich, zunächst zu kalibrieren. Dies erfolgt beispielsweise, indem man dem Klienten ein Reihe von trivialen Fragen stelle, z.B. nach seinem Namen oder dem aktuellen Wochentag. Jede Frage soll dabei mit 'Ja' beantwortet werden, unabhängig davon, ob dies die korrekte Antwort wäre. Nach zwei oder drei Fragen, die mit 'Ja' korrekt zu beantworten sind, stellt man einige Fragen, auf die 'Ja' die unrichtige Antwort bedeutet, also eine Lüge darstellt. Wie bereits ausgeführt worden ist, verursacht für die meisten Menschen selbst eine so harmlose Unwahrheit bereits emotionalen Streß, der Einfluß auf die Muskelspannung ausübt und sich mithin in der Stärke, mit der Zeigefinger und Daumen zusammengehalten werden können, bemerkbar machen sollte.

So fragt man etwa eine Klientin mit dem Namen Petra an einem Donnerstag zunächst, ob ihr Name 'Petra' und ob heute Donnerstag sei. Anschließend stellt man ihr die Fragen: "Heißt Du Elisabeth?", und: "Ist heute Samstag?". Jedesmal versucht der Coach dabei während der Beantwortung der Frage, die beiden Finger der Klientin zu trennen. Der Unterschied sollte dabei bereits wahrnehmbar sein.

Im Anschluß steht nun das gesamte Anwendungsspektrum dieses Verfahrens zur Eruierung emotionaler Belastungen offen. Sehr interessant ist z.B. die Möglichkeit, zielgenau das frühere Alter auszuloten, in welchem das Auslöseerlebnis stattfand, das zu aktuellen und immer wiederkehrenden unerwünschten Gefühlsreaktionen führt. Speziell im Kontext der hypnotischen Energiearbeit finden Myostatik-Test und dabei in vorderster Linie der O-Ring-Test Einsatz zum Aufspüren energetischer Blockaden sowie zur Überprüfung, ob und inwieweit eine durchgeführte Intervention zu einer Modifikation in der emotionalen Reaktion des Klienten geführt hat.

Übung O-Ring-Test

Für diese Übung benötigen Sie einen Partner.

1. Bitten Sie Ihren Partner, mit Daumen und Zeigefinger einer Hand ein 'O' zu formen, und die beiden Finger so fest wie möglich an den Fingerspitzen zusammenpressen. Testen Sie nun, ob und inwieweit es Ihnen gelingt, diese beiden Finger auseinander zu ziehen.

   Bitten Sie Ihren Partner nun, jede Frage, die Sie stellen werden, mit 'Ja' zu beantworten, gleichgültig, ob dies die korrekte Antwort wäre oder nicht. Versuchen Sie dabei jeweils, dessen Daumen und Zeigefinger zu trennen.

   Stellen Sie Ihrem Partner nun einige Fragen, die mit 'Ja' wahrheitsgemäß zu beantworten sind (z.B. Name, Wochentag, Alter). Können Sie die beiden Finger voneinander trennen?

Stellen Sie im Anschluß Fragen, auf die 'Ja' die falsche Antwort wäre. Da Ihr Partner nun aber ja dennoch mit 'Ja' antworten wird, sollten Sie in der Kraft, mit der es ihm möglich ist, Daumen und Zeigefinger zusammenzuhalten, einen merklichen Unterschied wahrnehmen. Können Sie die beiden Finger voneinander trennen? Wie weit auseinander lassen sich diese nun ohne große Anstrengung ziehen?

2. Tauschen Sie nun die Rollen und führen Sie die Übung erneut durch, damit Sie auch die andere Perspektive selbst erfahren können.

4. Repräsentationssysteme

Mit dem Terminus Repräsentationssysteme werden die fünf Sinne beschrieben, mittels derer Menschen ihre Umwelt und sich selbst wahrnehmen, also:

1. Sehen (Visuell)
2. Hören (Auditiv)
3. Fühlen (Kinästhetisch)
4. Riechen (Olfaktorisch)
5. Schmecken (Gustatorisch)

Synonym verwendet werden für Repräsentationssysteme auch die Begriffe Modalitäten, Sinnessysteme, Sinnesmodalitäten, Sinneskanäle oder Sinne.

Die exakte Zuordnung und Klassifizierung ist durchaus umstritten. Insbesondere werden Temperaturempfinden, Schmerzwahrnehmung und Gefühle im Körperinneren teilweise als je eigenständige Sinnessysteme jenseits des 'Fühlens' betrachtet. Für unsere Zwecke ist diese Differenzierung jedoch weder erforderlich noch zweckmäßig.

Mittlerweile ist in der Wissenschaft unstrittig, daß es über die genannten fünf Sinne hinaus noch weitere gibt, beispielsweise den Gleichgewichtssinn. Zusätzlich existieren auch noch Sinnesorgane, die der bewußten Wahrnehmung nicht zugänglich sind, beispielsweise Blutdruckrezeptoren im Halsbereich und Sinneszellen in der Nase, die auf Pheromone ansprechen.

Ob es auch so etwas wie einen '6. Sinn' gibt, also Formen von außersinnlicher Wahrnehmung, sei einmal dahingestellt. Jedoch erscheint einem das Talent mancher Menschen zu empathischer Intuition gelegentlich fast wie Telepathie.

Eine bemerkenswerte Erkenntnis in diesem Zusammenhang ist, daß die meisten Menschen eines dieser Repräsentationssysteme präferieren, also sowohl die äußere wie auch ihre innere Welt, d.h. ihr Denken, in erster Linie mittels dieses Kanals verarbeiten. Praktisch durchweg handelt es sich dabei um eine der drei Modalitäten Visuell, Auditiv oder Kinästhetisch (kurz: VAK).[9] Meist werden natürlich alle Sinne genutzt, gleichwohl differieren die Gewichtungen von Person zu Person jedoch erstaunlich deutlich, und fast immer steht einer signifikant im Vordergrund.

Wie läßt sich nun von außen erkennen, welchen Sinneskanal jemand bevorzugt nutzt? Es gibt in der Tat einige Indizien, die dabei hilfreich sind. Der erste betrifft die verbale Ausdrucksweise, denn die Art zu denken reflektiert sich auch in der Art zu sprechen, d.h. es werden jeweils in erster Linie Begrifflichkeiten - insbesondere Verben - des primären Repräsentationssystems verwendet.

Erinnern Sie sich noch an die Bärengeschichten aus der Übung in der Einführung? Genau darin bestand der zentrale Unterschied zwischen den drei Varianten: die erste verwendete fast nur visuelle, die zweite in erster Linie auditive und die dritte hauptsächlich kinästhetische Formulierungen. Mithin können Sie aus der Antwort, die Sie auf die dort gestellte Frage, welche der Geschichten Ihnen am besten gefiele, wertvolle Rückschlüsse ziehen, welches vermutlich Ihr primäres Repräsentationssystem sein dürfte.

---

9 Einmal begegnete mir ein Herr, dessen primäres Repräsentationssystem offenkundig das Gustatorische war. Er verwendete in beeindruckender Häufigkeit Vokabeln, die mit Essen und Trinken zu tun hatten, und auch seine Gesprächsthemen kreisten fast ausschließlich um diesen Themenbereich. Daß diese Vorliebe auch an seiner Leibesfülle nicht spurlos vorübergegangen war, muß wohl nicht extra erwähnt werden.

Übung: Sinnesspezifische Vokabeln

1. Nehmen Sie die drei Bärengeschichten aus der Einführung und notieren Sie jeweils alle sinnesspezifischen Worte, die Sie darin entdecken. Dies ist auch eine hervorragende Übung, um einen klaren Überblick, ein offenes Ohr und ein feines Gespür für die Prädikate der verschiedenen Repräsentationssysteme zu bekommen.

   Geschichte 1

   ____

   ____

   ____

   ____

   Geschichte 2

   ____

   ____

   ____

   ____

Geschichte 3

Zusätzlich existieren noch einige weitere, doch oft nicht ganz so verläßliche Hinweise auf die internen sinnesspezifischen Verarbeitungsprozesse einer Person.

Visuelle Menschen drehen beim Nachdenken die Augen häufig nach oben, sind von eher großer, schlanker Statur, sprechen schnell, besitzen eine hohe Stimme und atmen im Brustbereich.

Auditive Menschen bewegen die Augen eher im mittleren Bereich, sind von durchschnittlicher Größe und Statur, sprechen normal schnell und dabei oft sehr melodiös, und atmen im Zwerchfell.

Kinästhetische Menschen bewegen ihre Augen beim Denken oft nach (rechts) unten, sind entweder deutlich beleibt oder ausgeprägt athletisch, sprechen eher langsam und mit tiefer Stimme, und atmen in den Bauch.

Die Berücksichtigung dieser Merkmale kann durchaus dienlich sein, um die verbalen Hinweise zu ergänzen oder zu überprüfen, falls diese nicht hinreichen eindeutig scheinen.

Welchen Nutzen zieht nun die Energy-Hypnose aus diesen Überlegungen? Die erste bezieht sich auf die Etablierung von Rapport mit dem Klienten. Je mehr es gelingt, ihm in seiner Welt zu begegnen - d.h. natürlich in erster Linie: in seiner Art zu denken -, desto umfassender und intensiver wird das Vertrauensverhältnis sein, das unabdingbare Voraussetzung für eine erfolgreiche Kooperation ist. Kennt man also das primäre Repräsentationssystem, so sollte man folglich bedacht darauf sein, schwerpunktmäßig dieses anzusprechen. Die Wirkung ist dabei ebenso tiefgreifend wie unterschwellig.

Doch noch ein zweiter Aspekt ist bedeutsam: das Unbewußte 'läuft' häufig auf einem anderen als dem primären Sinneskanal einer Person. Insofern hat es sich als sehr zweckmäßig erwiesen, sich nach dem Übergang in die Trance auf die Kommunikation in einem anderen, möglichst dem im Wachbewußtsein des Klienten am wenigsten eingesetzten Sinn zu verlegen. Dies unterstützt auch maßgeblich das Anliegen, die kritischen Filter des Bewußtseins zu umgehen, denn man spricht ja nun quasi nicht mehr dessen Sprache. Stattdessen ist es nun umso leichter, direkt auf das Unbewußte einwirken zu können.

Aus den gemachten Ausführungen läßt sich darüber hinaus für den Fall schlußfolgern, daß Unsicherheit in Bezug auf das primäre Repräsentationssystem des Gegenübers besteht, bzw. dieses nicht bekannt oder feststellbar ist, die erfolgversprechendste Strategie darin besteht, alle drei Hauptmodalitäten VAK gleichermaßen anzusprechen. Dies vermeidet auf jeden Fall das Risiko, permanent aneinander vorbei zu kommunizieren und damit den Rapport zu gefährden. Nämliches gilt als Empfehlung selbstredend auch für Personen, welche zwei oder drei ihrer Sinneskanäle in vergleichbar starkem Umfang gebrauchen.

5. Zeitverzerrung

Daß Zeit relativ ist, wußte nicht nur Einstein. Auch das Unbewußte ist damit bestens vertraut.

So ist es eines der bekanntesten hypnotischen Phänomen, daß sich in Trance das Zeiterleben u.U. drastisch anders gestaltet als im Wachbewußtsein. Dies läßt sich nicht nur zur Ratifizierung der Hypnose einsetzen, sondern eröffnet eine Reihe von Anwendungsmöglichkeiten, um therapeutische Effekte zu bewirken.

Zeitverzerrung umfaßt dabei zwei unterschiedliche Aspekte. Zum einen das Verlassen des gegenwärtig zeitlichen Bezugsrahmens, also des 'Hier und Jetzt', zum anderen die Veränderung der Wahrnehmung der Dauer von Abläufen im Zustand der Hypnose. Während erstgenanntes beispielsweise in der Form von Altersregressionen zum Standardwerkzeug hypnotischer Interventionen gehört, bildet letztgenanntes ein Merkmal der Energy-Hypnose, das ansonsten nur sehr selten Gebrauch findet.

Explizit nicht zum Anwendungsspektrum hingegen gehören Trancen, die als Ziel die Rückführung in frühere Leben haben. Prinzipiell ist es durchaus möglich, jemanden in Hypnose zu suggerieren, sich durch die Zeit rückwärts in historische Epochen hinein zu bewegen, die lange vor der persönlichen Lebensspanne lagen.

Wie plausibel oder glaubwürdig die damit zu Tage förderbaren 'Erinnerungen' sind, spielt dabei keine wirkliche Rolle. Darüber bestehen ja durchaus sehr unterschiedliche Auffassungen und diesbezüglich gemachte Überprüfungen der in Trance gemachten Angaben über vergangene Leben führten manchmal zu durchaus verblüffend exakten Übereinstimmungen, von denen der Proband eigentlich keine Kenntnis haben konnte.

Entscheidend ist allerdings, daß man sich damit auf höchst spekulatives Terrain begibt, das dem sachlichen und objektiven Anspruch der Energy-Hypnose zuwiderläuft, ohne daß ein erkennbarer therapeutischer Nutzen damit verbunden wäre.[10]

Daß das Zeiterleben schon im Wachbewußtsein stark divergieren kann, hat jeder bereits häufig erlebt: manchmal vergeht die Zeit wie im Flug, ein andermal dehnen sich die Minuten wie Stunden.[11] Der wesentlich Grund dafür ist, daß der Mensch über kein Sinnesorgan verfügt, das den Zeitablauf direkt wahrnehm- und erlebbar machen würde. Somit ist das Gehirn gezwungen, aus anderen Anhaltspunkten und Quellen den zeitlichen Bezug zu konstruieren. Ein in diesem Zusammenhang interessanter Aspekt ist, daß der menschliche Geist Zeit obendrein räumlich repräsentiert. Erkennbar an den gebräuchlichen Formulierungen: so liegt etwas 'weit' in der 'fernen' Zukunft, oder dauerte sehr 'lang'. 'Weite', 'Ferne', 'Länge', etc. sind indes originär räumliche Attribute.

Auch beim Lesen eines Buches kommen einem manche Kapitel viel länger vor als andere, selbst wenn sich die Seitenzahl nicht oder nur unwesentlich unterscheidet.

---

10 Es ist nicht ersichtlich, in welcher Weise es für die Lösung aktueller Themen dienlich sein sollte, mit Ereignissen aus möglichen früheren Leben konfrontiert zu werden. Erfährt man zum Beispiel, daß man vor 500 Jahren grausam auf dem Scheiterhaufen verbrannt wurde, dürfte eher das Risiko bestehen, durch das Wiedererleben eines solchen Grauens auch gleich noch für die nächsten drei Leben traumatisiert zu werden. Oder ein gegenteiliges Szenario: man 'erinnert' sich an ein vergangenes Leben voll Glück und Reichtum, befindet sich aber im aktuellen Dasein in einer völlig anderen, eher recht deprimierenden Situation; wirklich tröstlich oder gar hilfreich dürfte das nicht unbedingt sein. Ganz abgesehen davon, daß - wenn schon - die hypnotische Erkundung zukünftiger Leben weit spannender sein dürfte.

11 Bekannt ist das Phänomen, daß in Schocksituationen - beispielsweise bei einem Unfall - die Betroffenen berichten, das Gefühl gehabt zu haben, das Geschehen sei wie in Zeitlupe abgelaufen. Ähnliches wird auch aus Nahtoderlebnissen geschildert, während derer in Sekundenbruchteilen das gesamte bisherige Leben vor dem geistigen Auge vorüberziehen soll.

Das Phänomen, unter Hypnose den aktuellen zeitlichen Kontext zu verlassen, untergliedert sich in zwei dem Wesen und dem Zweck nach ungleichartige Ausprägungen. Je nachdem, ob es Richtung Vergangenheit oder in Richtung Zukunft geht.

Ist das Ziel die Vergangenheit, spricht man auch von Altersregression, denn die Person erlebt sich selbst zurückversetzt in Lebensphasen, in denen Sie jünger war. Dies wird am sinnvollsten bewerkstelligt, indem das Hypnose-Subjekt aufgefordert wird, Stück für Stück, Tag für Tag, Jahr für Jahr in der Zeit rückwärts zu gleiten bis entweder das angestrebte Alter/Jahr erreicht ist, oder ein spezielles Erlebnis, dessen genaues Datum zunächst nicht mehr bestimmt werden kann. Prinzipiell ist es auch möglich, die Suggestion zu geben, sich direkt zu einem Zeitpunkt in der Vergangenheit zu begeben, doch hat sich die graduelle Verschiebung des Zeitbezugs als sanfter und günstiger erwiesen.

Der Zweck dieser Rückkehr zu früheren Erfahrungen kann zum einen darin liegen, ein damals widerfahrenes prägendes oder gar traumatisierendes Ereignis beispielsweise mit Ressourcen anzureichern, die der Person damals noch nicht zur Verfügung standen, bzw. das Erlebnis neu zu bewerten unter Einsatz des erst später angesammelten Erfahrungsschatzes. Auch alle weiteren Prozeduren, die bei der Bearbeitung von vergangenen Erlebnissen bewährt sind, können hier Anwendung finden, beispielsweise kognitive Verfahren, Konfrontationstechniken oder geführte Augenbewegungen, wie sie aus dem EMDR[12] bekannt sind sowie die dem NLP entstammenden Formate Re-Imprint und Change-History.

Zum anderen kann auch die konträre Intention verfolgt werden, nämlich in der Vergangenheit einmal vorhandene Ressourcen, die im späteren Leben irgendwann

---

12 Eye Movement Desensitization and Reprocessing, entwickelt von Francine Shapiro.

nicht mehr zugänglich waren, wieder zu aktivieren und zu aktualisieren, um damit heutige Themen und Probleme angehen zu können.

Zielt die Zeitverschiebung auf die Zukunft, so wird damit nicht Hellsehen bezweckt, sondern es geht darum, sich in einen erst noch bevorstehenden Zustand zu versetzten, beispielsweise ein zu erreichendes Ziel. Einerseits um beurteilen zu können, ob dieses dann tatsächlich noch den eigenen Wünschen entspricht, anderseits um das Unbewußte auf die Erreichung dieses Ziels hin anzuregen und schließlich, um beurteilen zu können, ob gegebenenfalls noch irgendwelche Ressourcen oder Fähigkeiten notwendig sein könnten, welche der Realisierung dienlich wären. An diesem Punkt schließt sich der Kreis, denn in aller Regel lassen sich diese in der Vergangenheit finden und von dort aus transferieren.

Das völlig anders geartete und höchst faszinierende Phänomen veränderten Zeitempfindens unter Hypnose wurde von Milton Erickson in den früheren Phasen seines Forschen experimentell umfangreich untersucht[13], fand jedoch später sowohl bei ihm als auch bei anderen nur noch vereinzelt Eingang in die Praxis.

Auch hier sind zwei gegensätzliche Varianten bekannt: Zeitexpansion und Zeitkomprimierung. Letztere erleben Hypnose-Subjekte zwar häufig in der Form, daß der subjektive Eindruck der verstrichenen Zeitspanne, in der sie sich ich Trance befanden, die tatsächliche Dauer teils deutlich unterschätzt. Zwar ist dies ein guter Beleg für den Klienten, sich in einem veränderten Zustand befunden zu haben, weitere Anwendungen findet dies im therapeutischen Kontext allenfalls, wenn es darum geht, schmerzliche oder unerfreuliche Ereignisse rasch zu überstehen.

---

13 Vgl. Cooper & Erickson (2004)

Verschiedene Einsatzmöglichkeiten bietet hingegen die Expansion des subjektiven Zeitempfindens. Gemeint ist damit die Beobachtung, daß in hypnotischer Trance stellenweise Abläufe, die im subjektiven Erleben der hypnotisierten Person bis zu einigen Stunden in Anspruch nehmen, tatsächlich nur eine Dauer von wenigen Sekunden benötigen. Während dieser Phase besteht indes ein völlig gewohntes Zeitempfinden, d.h. aus der Sicht der betreffenden Person verlaufen die Trance-Ereignisse mit ganz alltäglicher Taktung und mitnichten in irgendeiner Form beschleunigt oder gerafft. Dabei reichen die Beispiele von simplen Abzählvorgängen über das Lernen und Einüben mentaler Fähigkeiten bis zum Durchleben ausgedehnter Erinnerungsfragmente und sogar dem rapiden Vollbringen kreativer Spitzenleistungen.

Besonders elegant läßt sich dies nutzen, um mittels entsprechend gewählter Suggestionen Teil-Sequenzen des therapeutischen Prozesses mit stark erhöhtem Tempo zu durchlaufen, und dabei die mit der Beschleunigung assoziierte Steigerung der mentalen und intellektuellen Fähigkeiten optimal einzusetzen.

Übung: Zeiterleben

1. Stellen Sie sich den Zeitablauf als räumliche Linie vor, die von einer Seite aus der Vergangenheit kommend in die Zukunft auf die andere Seite führt. Jetzt deuten Sie in die Richtung, in der Ihrem Empfinden nach die Vergangenheit liegt. Anschließend in Richtung Zukunft.[14]

---

14 Typischerweise werden Sie die Vergangenheit links von sich, die Zukunft hingegen rechts verortet haben. Die Gründe dafür sind nicht bekannt. Eine plausible These sieht einen Zusammenhang mit der Schreibrichtung. Insofern sollten sich Personen, die in Sprachräumen mit entgegengesetzter Schrift (z.B. Arabisch) aufgewachsen sind, hierin unterscheiden.

2. Stellen Sie einen großen Topf kaltes Wasser auf den Herd, beobachten Sie es und warten Sie darauf, bis es endlich kocht. Stoppen Sie die Zeit, die zwischen Aufsetzen des Wassers und Kochen vergeht. Bevor Sie von der Uhr ablesen, wie lange dies gedauert hat, schätzen Sie die Zeitspanne. Wie groß ist die prozentuale Abweichung zwischen Ihrer geschätzten und der tatsächlichen Dauer?[15]

____________________ %

15 Ein darauf anspielendes Amerikanisches Sprichwort besagt: "The watched pot never boils!"

6. Ziele

Jedes lebhaft vorgestellte Ziel drängt darauf, Realität zu werden.

Und dabei ist die Aussicht, daß sich ein Ziel realisiert, umso größer, je mehr es auf eine Weise formuliert ist, die bestimmten formalen Anforderungen genügt, die unter dem Begriff 'Wohlgeformtheitskriterien' bekannt sind.

Bei der Energy-Hypnose hat sich als optimal herauskristallisiert, wenn Ziele positiv, in erster Person Singular und im Präsens formuliert sind. Auf Relativierungen ist zu verzichten und darüber hinaus ist ein exakter Zeitrahmen anzugeben. Schließlich ist es unabdingbar, daß Ziele realistisch und erreichbar sowie sensorisch definit und ökologisch sind. Vorteilhaft ist es natürlich immer, wenn ein Ziel attraktiv ist. Doch die aufgeführten formalen Aspekte sind davon im Grunde unabhängig. Auch Ziele wie Aufräumen oder Putzen, die häufig nicht sonderlich anziehend sein dürften, gewinnen durch sie deutlich an Wahrscheinlichkeit, umgesetzt zu werden.

In der Literatur existieren noch verschiedene andere Schemata für die Gestaltung von Zielen, von denen eines der bekanntesten unter dem Akronym S.M.A.R.T. firmiert und insbesondere im Business-Bereich und Projekt-Management verbreitet Anwendung findet. Dabei stehen die Buchstaben für die Begriffe Spezifisch, Meßbar, Attraktiv[16], Realistisch und Terminiert. Schon daran ist ablesbar, daß die darauf ausgerichteten Anforderungen an die Formulierung von Zielen den in der Energy-Hypnose gebräuchlichen weitgehend analog sind. Wichtig ist, im Kopf zu behalten, daß die Erreichung eines Ziels wahrscheinlicher wird, wenn sich die Form an bestimmten Standards orientiert.

---

16 Für das 'A.' sind auch die Varianten 'Akzeptiert', 'Anspruchsvoll' oder 'Angemessen' gebräuchlich.

Abzugrenzen sind hingegen Vorgehensweisen, wie sie inzwischen sehr populär geworden sind im Zusammenhang mit z.B. den 'Bestellungen beim Universum' von Bärbel Mohr, dem 'Secret' von Rhonda Byrne oder auch Eshter Hicks' Publikationen sowie - schon etwas älter - den Empfehlungen von Joseph Murphy.

Typischerweise verwenden diese das Rezept, sich etwas zu wünschen und anschließend ohne weiteres Zutun auf die Erfüllung seitens des Universums o.ä. zu vertrauen. Zwar gibt es durchaus Überschneidungen: so betonen die genannten Ansätze ebenfalls durchweg die Bedeutung positiver Formulierungen und arbeiten auch stets mit kraftvollen Visualisierungen. Der grundlegende Unterschied liegt jedoch darin, daß es häufig an dem Merkmal der eigenständigen Erreichbarkeit des Ziels mangelt. Denken Sie beispielsweise an einen Lottogewinn; den können Sie sich zwar als Wunsch formulieren und dann an das Universum weiterleiten. Sehr viel mehr als einen Lottoschein auszufüllen können Sie zur Erreichung selbst jedoch nicht wirklich beisteuern. Dieses Charakteristikum separiert also 'Wünsche' von 'Zielen'. Auch wenn es sicherlich Übergangsformen geben mag, beschäftigen wir uns an bei der Energy-Hypnose primär mit letzteren.[17]

Somit stellt sich natürlich auch die Frage, ob Sie Ziele oder Wünsche mit dem Lesen dieses Buches verfolgen, und wie Sie diese für sich formuliert haben.

Die Wohlgeformtheitskriterien im Detail:

1. Positiv

In der Zielbeschreibung ist auf Negationen zu verzichten. Die Motivationsrichtung muß ganz klar 'Hin zu' sein. Es ist also in der Formulierung eindeutig

---

17 Unabhängig davon seien Sie ausdrücklich ermutigt, auch mit den anderen Ideen zu experimentieren. Eigene Versuche führten ab und an zu erstaunlichen und überraschenden Resultaten.

auszudrücken, was man erreichen möchte, und nicht etwa, was man vermeiden, bzw. wovon man sich wegbewegen möchte.

Das bedeutet insbesondere, daß Wörter wie 'nicht', 'kein', 'nie' o.ä. in der Zielformulierung nichts zu suchen haben. Das Unbewußte kann nur ein Ziel anstreben, das es sich gegenständlich vorstellen kann. Ein 'nicht' in einer Zieldefinition bewirkt, daß zunächst einmal genau das mental repräsentiert werden muß, was man ja im Grunde loswerden möchte.[18] Im ungünstigsten Fall bewirkt man damit exakt den gegenteiligen Impuls als den eigentlich beabsichtigten.

Darüber hinaus bedeutet Positiv auch, daß keine Komparative, also Vergleiche in der Art von 'mehr als', 'weniger', 'schlanker' o.ä. das Ziel bilden sollen, sondern konkrete und präzise Aussagen.

2. Erste Person Singular

Es muß eindeutig sein, um wessen Ziel es sich handelt, um dem Unbewußten den größtmöglichen Antrieb zur Erreichung zu geben. Und dies läßt sich vollumfänglich nur erreichen, wenn tatsächlich das Wort 'Ich' als Subjekt verwendet wird. Passiv-Varianten der Art 'Es soll mir...' oder 'Das Ziel ist...' sind ebenso tunlichst zu umgehen wie das beliebte Wörtchen 'man'. Es geht um Sie, nicht um irgendjemand anderen. Das muß zweifelsfrei erkennbar sein.

3. Präsens

Ziele sind in der Gegenwartsform auszudrücken. Also gerade nicht, wie häufig üblich, im Futur. Die genauen neurologischen oder psychologischen Mechanismen sind nicht wirklich bekannt, doch befruchtend wirkten bei diesem Aspekt tatsächlich

---

18 Zur Illustration wird daher gerne empfohlen, nicht an einen blauen Elefanten zu denken. Zwangsläufig muß man sich zunächst ebendiesen blauen Elefanten vorstellen, um anschließend 'nicht' an ihn denken zu können.

die Erfahrungen aus dem positiven Denken und den oben erwähnten Ansätzen, die allesamt empfehlen, Ziele als bereits verwirklicht auszudrücken.

Der Effekt der Zielorientierung ist nur dann ausgeprägt, wenn dem Gehirn signalisiert wird, das Angestrebte sei quasi schon erreicht. Oftmals hat hingegen die Verwendung von 'werden' die Auswirkung, daß das Ziel auf alle Zeiten als etwas erst zukünftig zu realisierendes begriffen wird; es lauert der sog. 'Sankt-Nimmerleins-Tag-Effekt'.

4. Ohne Relativierungen

Das Ziel muß klar und eindeutig sein. Verwendung von Konjunktiv à la 'sollte', 'könnte', 'würde', 'wäre', 'möchte' oder der Einsatz von Verben wie 'wollen', 'wünschen', 'beabsichtigen', 'vornehmen', 'versuchen' sind ebenso kontraproduktiv wie das Einfügen von 'eigentlich', 'vielleicht', 'ungefähr', 'eventuell'. All das schwächt die Bedeutung des Ziels für Sie. Ihr Unbewußtes reagiert in höchstem Maße sensibel auf solche Weichmacher und reduziert entsprechend die Priorität.

Wenn Sie sich nicht sicher sein sollten, ob Sie Ihr Ziel tatsächlich anstreben, so kann das durchaus gute Gründe haben. In so einem Fall ist es jedoch uneingeschränkt sinnvoller, sich mit möglichen (unbewußten) Hinderungsgründen auseinanderzusetzen, als mittels schwammiger Formulierungen weder das gesteckte Ziel zu erreichen, noch sich der fälligen Konfrontation mit den Vorbehalten stellen zu wollen.

5. Exakter Zeitrahmen

Für die Verwirklichung des Ziels ist ein konkretes Datum anzugeben. Dieses ist natürlich sinnvoll und realistisch zu wählen. Sollte wider Erwarten zu diesem Termin das anvisierte Ziel noch nicht vollständig umgesetzt sein, so wird jedoch schon aufgrund der bis dahin gemachten Erfahrungen das dann mögliche Setzen eines neuen Zeitpunkts ungleich einfacher geworden sein. Das Risiko ist bei nüchterner Wahl eines zeitlichen Rahmens jedoch überschaubar und vernachlässigbar, verglichen mit den Nachteilen eines Verzichts darauf oder der Verwendung von vagen Zeitangaben der Sorte 'demnächst', 'bald', 'in absehbarer Zukunft', 'in den nächsten Wochen' oder gar 'irgendwann'. Der erwähnte Sankt-Nimmerleins-Tag-Effekt ist in so einem Fall fast schon garantiert.

Sollte sich die Festlegung eines spezifischen Ziel-Datums als außergewöhnlich schwierig erweisen, so kann auf die Hilfsformulierung 'bis spätestens' zurückgegriffen werden.

Bei sehr komplexen Herausforderungen besteht zusätzlich die Option, diese in kompaktere Teilziele aufzuspalten, für welche der zeitliche Horizont leichter eingeschätzt werden kann.

6. Realistisch

Neben der bereits ausgeführten Differenzierung zwischen auf der einen Seite 'Wünschen', deren Erfüllung größtenteils vom Schicksal, von Zufällen oder von anderen Personen abhängig ist, und auf der anderen Seite 'Zielen', ist in diesem Zusammenhang auch zu beachten, ob etwas, das vielleicht prinzipiell durchaus aufgrund eigenen Zutuns erreichbar wäre, auch tatsächlich für die konkrete Person im Rahmen ihrer individuellen Möglichkeiten und Fähigkeiten liegt.

Die erfolgreiche Teilnahme am nächstjährigen Triathlon auf Hawaii kann für einen Dreißigjährigen durchaus realistisch sein; ob selbiges für jemand Anfang Achtzig mit starkem Übergewicht und schweren Herzproblemen ebenfalls gelten wird, dürfte eher fraglich sein. Individuell variiert es mithin sehr stark, was für den Betreffenden ein Luftschloß darstellen mag. Letztlich muß dennoch jedem selbst überlassen bleiben, was er oder sie sich zutraut.

7. Sensorische Definitheit[19]

Darunter ist zu verstehen, daß die Erreichung des Ziels ja auch in irgendeiner Form erkennbar und überprüfbar sein muß, und zwar mit Hilfe der eigenen fünf Sinne. Dies kann zum einen über direkte Erfahrungen erfolgen (man 'sieht' das begehrte Auto in der eigenen Garage stehen, man 'fühlt' die Urlaubssonne auf der Haut, man 'hört' die Hochzeitsglocken läuten), oder indirekt anhand des meist visuellen Registrierens entsprechender Indikatoren oder Meßgeräte (z.B. Waage, Kontoauszug, Zeugnis).

8. Ökologie

Eines der entscheidendsten Kriterien für Ziele stellt deren 'Ökologie' dar. Darunter zu verstehen ist, daß die Erreichung auch tatsächlich der eigenen Person dienlich sein muß, mindestens jedoch nicht dem individuellen Charakter, dem Wohlbefinden, den persönlichen Werten oder anderen wichtigen (Lebens-)Zielen entgegenstehen darf; oder vice versa. Zusätzlich muß sich die Verwirklichung auch harmonisch in das soziale Umfeld einfügen.

Beide Aspekte sind nicht nur aus psychohygienischen Gründen von Bedeutung, sondern auch ganz pragmatisch wird ein Ziel, das nicht diesen Anforderungen genügt, kaum Aussichten auf Verwirklichung haben - schon gar nicht auf dauerhafte. Zu massiv werden interne wie externe Widerstände dies auf vielfältige Weise zu sabotieren wissen.

Überprüfen läßt sich die Ökologie durch intensives und lebhaftes Versetzen in den Zielzustand. Mit allen Sinnen soll sich dabei vorgestellt werden, die Verwirklichung

---

19 Der etwas sperrige, aber gebräuchliche Begriff der Definitheit entstammt der Linguistik und besagt, daß die Beziehung zwischen einem Begriff und dem Objekt der realen Welt, das er beschreibt, identifizierbar und/oder einzigartig sein muß. In diesem Zusammenhang wird also gefordert, daß ein Ziel in Bezug auf seine Realisation identifizierbar und/oder einzigartig sein muß (für die sinnliche Wahrnehmung).

sei bereits vollzogen. In dieser assoziierten Verfassung muß dann gründlich und ausführlich eruiert werden, ob wirklich alles paßt, d.h. durch sorgfältiges in sich hinein hören auf mögliche Vorbehalte und sensibles Achten auf eventuelle Störgefühle. Auch soll nun an die wichtigsten privaten und beruflichen Bezugsfelder gedacht werden. Dabei ist zu beachten, welche Konsequenzen zu erwarten sind.

Es kann nicht genug betont werden, daß dieser Schritt weder hastig noch oberflächlich 'abgehakt' werden darf. Erkennt man bei der Überprüfung der Ökologie Probleme oder Hindernisse, so haben diese ihre Berechtigung und dienen dazu, spätere gravierende Schwierigkeiten zu vermeiden. Denn in aller Regel ist die Konsequenz nicht, das angestrebte Ziel in toto verwerfen zu müssen. Meist bedarf es lediglich einiger kleinerer Anpassungen oder der Berücksichtigung einzelner Zusatzaspekte, um die volle Zufriedenheit zu erlangen.

Ein interessanter Nebeneffekt der intensiven sensorischen Vorstellung der Zielerreichung ist die emotionale Ladung, die damit einhergeht, und somit die Programmierung des Unbewußten hin zur Verwirklichung energetisch komplettiert; deutlich ausgeprägter als dies die bei vielen Verfahren empfohlene Ziel-Visualisierung allein vermag.

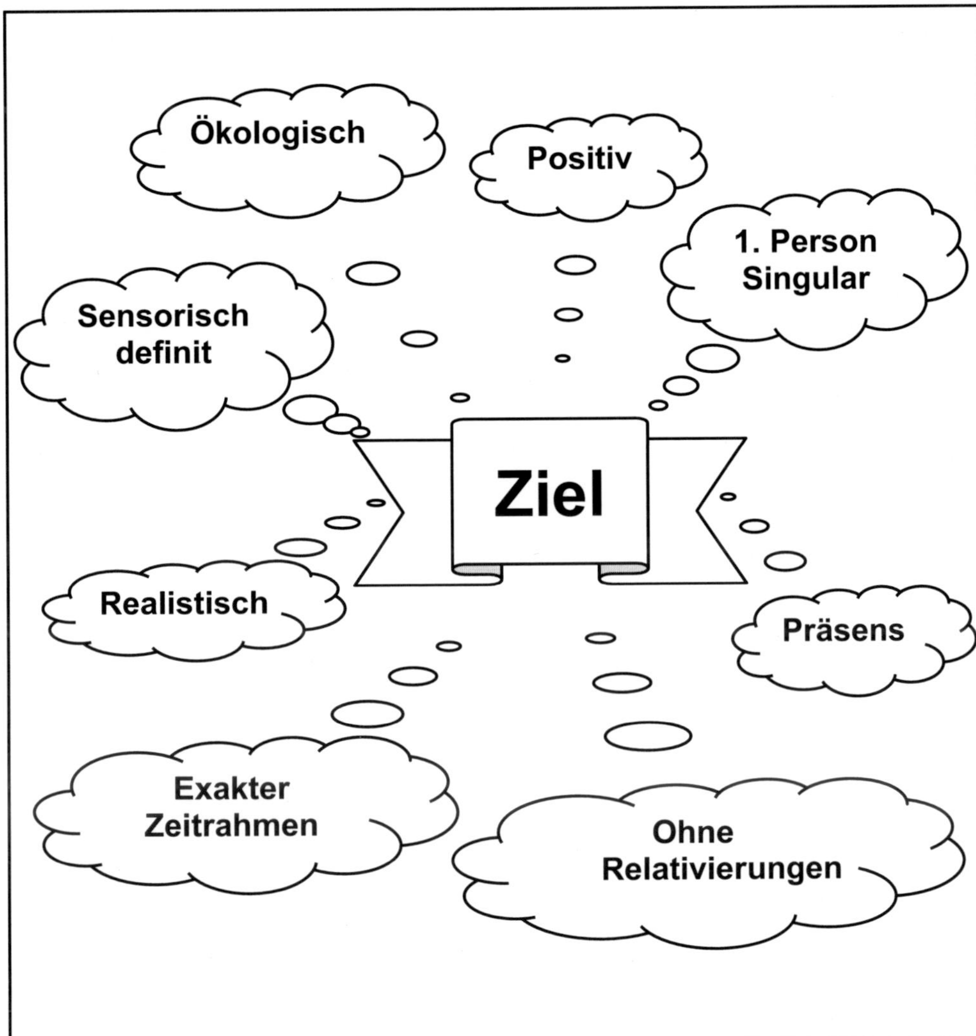

Abbildung 1: Wohlgeformtheitskriterien Ziele

Übung: Ziele

1. Wählen Sie ein persönliches Ziel, wobei es sich um etwas eher alltägliches handeln sollte, so daß Sie den Erfolg bereits nach spätestens einer Woche überprüfen können. Gehen Sie sukzessive die acht Wohlgeformtheitskriterien durch und formulieren Sie das Ziel gemäß diesen.

2. Überprüfen Sie nach einer Woche, ob und inwieweit Sie das Ziel realisieren konnten. Falls Sie es nicht erreicht haben sollten: woran lag es?

3. Wählen Sie nun ein für Sie bedeutendes Ziel und formulieren Sie es gemäß den genannten acht Wohlgeformtheitskriterien. Kontrollieren Sie regelmäßig Ihre Fortschritte bei der Umsetzung und Erreichung.

____

____

____

____

____

____

Ziele und Ressourcen in der Energy-Hypnose

Die korrekte Zielformulierung ist mit dem Klienten vor Beginn der Hypnose abzuklären. So wird sichergestellt, daß während der Trance die adäquaten Suggestionen verwendet werden.

Die Überprüfung der Ökologie indes wird am sinnvollsten erst während der Trance durchgeführt und bildet einen unabdingbaren Bestandteil jeder hypnotischen Veränderungsarbeit. Das intensive mentale Hineinversetzen in den zukünftig zu erreichenden Zielzustand dient dazu, im Rahmen dieser lebhaften Vorstellung dem Klienten zu erlauben, eingehend für sich einschätzen zu können, ob die Verwirklichung in der Tat für seine Gesamtpersönlichkeit und sein relevantes soziales Umfeld zuträglich sein wird. Mithin läßt sich somit ein intensiverer Öko-Check durchführen als im Wachzustand.

Ebenfalls von Bedeutung ist die sich eröffnende Möglichkeit zu überprüfen, ob das Aktivieren zusätzlicher Ressourcen des Klienten der Zielrealisation dienlich oder sogar erforderlich wäre. Das gängige Vorgehen im Zuge der Energy-Hypnose bildet dabei das Dissoziieren des Klienten aus dem Zielbild heraus, beispielsweise indem man ihn bittet, sich selbst zum Zeitpunkt und im Zustand des verwirklichten Ziels von oben zu betrachten. Aus dieser Perspektive läßt sich meist sehr gut und objektiv für den Klienten beurteilen, welche Fähigkeiten oder Eigenschaften noch vonnöten sein dürften, um das Erreichen des Ziels leichter oder perfekter zu gewährleisten. Sobald dies identifiziert ist, kann sich der Klient Zug um Zug mental in seine Vergangenheit zurückgleiten lassen, solcherart wie bereits im Kapitel über Zeitverzerrung im Zusammenhang mit Altersregressionen dargelegt. Die klare Aufforderung, in der individuellen Historie ein Erlebnis oder eine Erinnerung aufzuspüren, in der die gesuchte Ressource bereits einmal verfügbar gewesen ist, wird regelmäßig selbiges zutage fördern. Von dort wird diese anschließend assoziiert mitgenommen und in das zukünftige Ziel integriert. Die dadurch erreichte Veränderung und Bereicherung soll nun ausführlich und mit allen Sinnen wahrgenommen werden, bevor die Prozedur mit dem erneuten Dissoziieren aus dem Zielbild heraus abermals beginnt. Solange und sooft, bis aus der Sicht des Klienten alle erforderlichen Aspekte einbezogen sind.

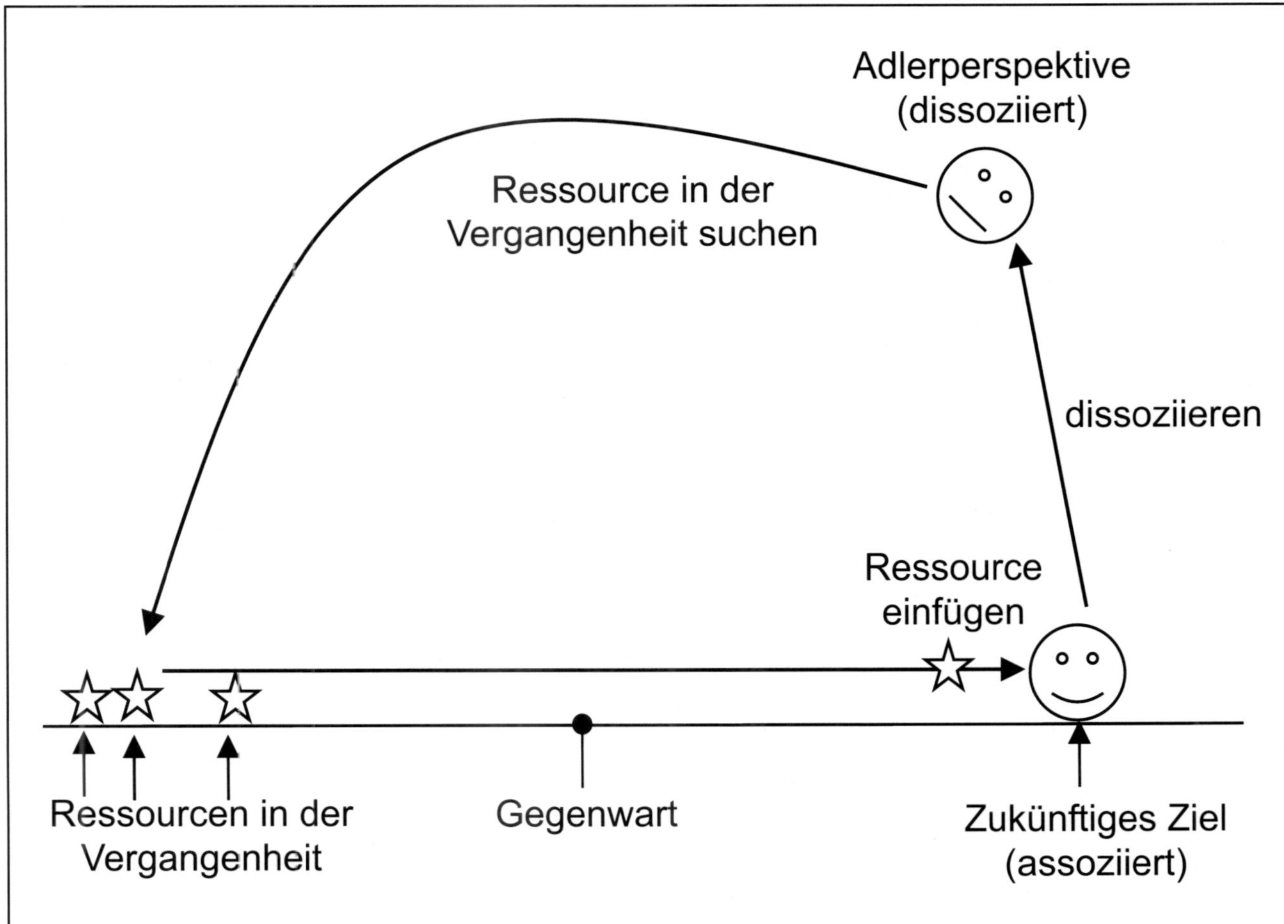

Abbildung 2: Ressourcen in Ziele einfügen

7. Sechs-Stufiges Reframing

Das Sechs-Stufige Reframing wurde in seiner Grundform in den Anfangszeiten des NLP von Richard Bandler und John Grinder entwickelt. Mittlerweile haben sich daraus diverse Unterformen und Spezialvarianten abgeleitet - mit teils sehr unterschiedlicher Anzahl an enthaltenen Schritten und manchmal recht abenteuerlichen Modifikationen der einzelnen Stufen. Die meisten davon dürften eher dem Zweck gedient haben, das Prestige des jeweiligen Autors sowie die Verkaufszahlen seiner Publikationen zu steigern, als daß tatsächlich auf innovative Weise Entscheidendes hinzugefügt oder verbessert worden wäre.

Indiziert ist dieses Format immer dann, wenn ein Klient ein unerwünschtes Verhalten oder ein immer wiederkehrendes Reaktionsmuster besitzt, das er entgegen seinem erklärten Willen nicht abstellen kann. Ziel ist dabei in jedem Fall, Schritt für Schritt zunächst dieses Verhalten von der dahinter stehenden positiven Absicht zu trennen und anschließend neue Möglichkeiten zu finden, diese zu erfüllen.

Bei den sechs zu absolvierenden Schritten, von denen jeder einzelne für den Erfolg des Verfahrens unverzichtbar ist, handelt es sich im einzelnen um:

1. Kontakt mit Problemteil etablieren
2. Trennen von Verhalten und Absicht
3. Höchste positive Absicht finden
4. Herausarbeiten von Alternativen
5. Öko-Check
6. Überbrückung in die Zukunft (Future Pace)

Der Ansatz des Reframing, das auf Deutsch soviel wie 'Neu-Rahmen' bedeutet, entstammt ursprünglich der systemischen Familientherapie von Virginia Satir, wurde aber auch von Milton Erickson vielfach angewendet. Letztlich geht es im Kern darum, einem negativen Verhalten oder Erleben einen anderen Rahmen, d.h. eine veränderte Bedeutung oder einen neuen Kontext zu verschaffen, in welchem es positivere Aspekte besitzt.

Die Idee, die Persönlichkeit eines Klienten bestehe aus verschiedenen Teilen, von denen einer oder mehrere das unwillkommene Verhalten hervorbringen, mag auf den ersten Blick etwas hanebüchen erscheinen. Doch es handelt sich dabei lediglich um eine Modellvorstellung, bei der es weniger darum geht, wie wahrheitsgemäß oder realistisch sie sein mag, sondern für die entscheidend ist, ob sie zweckmäßig und zielführend ist. Da es in der Energy-Hypnose um Tauglichkeit für die praktische Veränderungsarbeit geht, spielen solche Fragen daher eine untergeordnete Rolle. Sinnvoll ist, was funktioniert. Wirklich neuartig ist die Vorstellung von den Persönlichkeitsteilen bei näherer Betrachtung auch gar nicht, denn schon in Freuds Modell vom Aufbau der menschlichen Psyche finden sich die abweichenden und partiell gegensätzlichen Teile 'Über-Ich', 'Ich' und 'Es'.

Ausführlich stellt sich der Ablauf der sechs Schritte folgendermaßen dar:

1. Kontakt mit Problemteil etablieren

Nachdem das Problemverhalten exakt definiert ist, wird der Teil des Klienten, der dieses Verhalten hervorbringt, direkt angesprochen. Dies geschieht in einer leichten Trance, wobei allein die Kontaktaufnahme mit einem internen Persönlichkeitsteil unvermeidlich in einen veränderten Bewußtseinszustand führt.

Ob die Kommunikation von nun ab verbal oder über sog. ideomotorisches Signalisieren (beispielsweise Kopfnicken oder Fingersignale) erfolgt, ist von nachrangiger Bedeutung. Für letzteres spricht, daß Sprechen von manchen Klienten als den hypnotischen Zustand störend empfunden wird.

Manchmal wird in der Literatur empfohlen, dem Teil noch einen speziellen Namen zu geben, sich diesen visuell vorzustellen (mit Form, Farbe o.ä.) oder zu imaginieren, man würde ihn aus dem Körper herausholen. Solche Feinheiten sind als Elemente der Energy-Hypnose keineswegs erforderlich, können auf manche Menschen eher befremdlich wirken und obliegen letztlich den Präferenzen von Therapeut und Klient in Bezug auf Special-Effects.

Unerläßlich ist hingegen die absolut würdigende Kommunikation mit dem Teil, dem nicht nur ausdrücklich gedankt werden muß für seine Kooperationsbereitschaft, sondern dem darüber hinaus signalisiert werden sollte, daß man sich im Klaren darüber ist, daß er für den Klienten eine absolut positive und wichtige Aufgabe erfüllt. Zusätzlich ist ihm zu versichern, daß alles, was geschehen soll, nur mit seinem expliziten Einverständnis geschehen wird, und allein ihm die endgültige Entscheidung vorbehalten bleiben wird, ob und was sich verändern kann. Nur auf diese Weise kann verhindert werden, daß der Problemteil (den man selbstredend nie so nennen sollte), an irgendeinem Punkt die Kommunikation und Kooperation beendet, sondern sich stattdessen als begeisterter Unterstützer geriert.

<u>2. Trennen von Verhalten und Absicht</u>

Sobald die Kommunikation soweit etabliert wurde, wird der Teil gebeten, seine positive Absicht mitzuteilen, die er mit Hilfe des bisherigen Verhaltens zu erreichen suchte.

Wiederum kann dies zwar auch verbal geschehen, doch spricht vieles dafür, daß er es lediglich intern den Klienten wissen lassen soll, und dem Coach lediglich mittels Signalisieren angezeigt wird, daß die Übermittlung erfolgt ist. Der entscheidende Vorteil dabei ist, daß der Klient keine seiner intimen, vielleicht überraschenden und sehr persönlichen Erkenntnisse einer anderen Person berichten muß. Für den Prozeß ist es vollkommen unerheblich, ob der Therapeut Informationen über die inhaltliche Ebene erhält.

3. Höchste positive Absicht finden

Sehr häufig verbergen sich hinter der ersten mitgeteilten Absicht jedoch noch weitere, die noch tiefer im Unbewußten verborgen sind. Es handelt sich somit lediglich um ein (erstes) Zwischenziel, das noch wichtigeren Zwecken dient. Daher zielt die nächste zu stellende Frage darauf ab, ob mit der offenbarten Absicht noch ein weiterer, dahinterstehender Zweck erfüllt werden soll. Wird dies bejaht, ergeht die Bitte, auch diesen anzugeben.

Diese Prozedur wird anschließend so lange iteriert, bis die erklärtermaßen höchste positive Absicht erreicht ist. Wieviele Schritte der Weg dorthin umfaßt, variiert zwischen unterschiedlichen Individuen oft dramatisch. Aber auch bei derselben Person ist die Anzahl in Abhängigkeit von der Fragestellung wechselnd. In seltenen Fällen ist bereits nach dem ersten Durchgang die höchste positive Absicht erreicht. Auf der anderen Seite wiederholt sich der Zyklus manchmal zigmal, ohne erkennbar ein Ziel zu erreichen. In solchen Fällen empfiehlt es sich, dem Teil irgendwann die direkte Aufforderung zu geben, nun die absolut höchste Absicht offenzulegen, die insgesamt hinter dem Verhalten steht. Meist braucht es zwar selbst dann noch einige Durchgänge. Daß faktisch nie ein Ende gefunden wird, und somit nichts anderes übrig bliebe, als das Verfahren komplett abzubrechen, geschieht indessen erfahrungsgemäß erfreulicherweise praktisch nie.

Sobald die höchste positive Absicht schließlich aufgedeckt ist, wird der Teil befragt, ob er diese tatsächlich mit dem bisherigen Verhalten erreicht. In den allermeisten Fällen lautet die Antwort: "Nein!". Doch auch wenn die Frage bejaht werden sollte, was durchaus vorkommt, wird der Teil auf entsprechend formulierte Nachfrage durchweg bereit sein, einige zusätzliche Alternativen zu erhalten, mit denen sein Ziel verwirklicht werden kann. Denn auch hier gilt: eine Wahl zu haben ist besser, als keine zu haben. Abschließend wird dem Teil nochmals ausdrücklich für seine Mithilfe gedankt.

4. Herausarbeiten von Alternativen

Aufbauend auf dem Teile-Modell, das der gesamten Technik zugrunde liegt, wendet man sich im nun anschließenden vierten Schritt an einen kreativen Anteil der Persönlichkeit des Klienten und bittet diesen, nach und nach fünf neue Verhaltensalternativen zu generieren, welche die höchste positive Absicht des anderen Teils fortan mindestens so gut, möglichst jedoch weit besser zu erfüllen in der Lage sein werden, als dies mit der bisherigen Handlungsweise erreicht werden konnte. Auch an diesem Punkt ist es nicht erforderlich, daß dem Coach benannt wird, um was es sich bei den neuen Varianten im Einzelnen handelt. Es ist hinreichend, daß der Klient zu erkennen gibt, sobald er die fünf neuen Möglichkeiten beisammen hat.

Daraufhin wird wieder der Kontakt zum ursprünglichen Teil hergestellt und dieser instruiert, nacheinander für jede der herausgearbeiteten Alternativen anzuzeigen, ob diese in seinem Sinne sei und fürderhin angewendet werden solle. Regelmäßig wird dabei mindestens eine der von dem kreativen Teil gefundenen Varianten verworfen werden. Es ist sehr sinnvoll, daß dies in dieser Phase geschieht, denn dadurch wird verhindert, daß später die ansonsten unvermeidlich auftretenden intrapersonellen Konflikte den Erfolg insgesamt konterkarieren. Und es wird gewährleistet, daß die Verhaltensänderungen von dem Persönlichkeitsanteil auch wirklich unterstützt werden. Denn ihm wurde an dieser Stelle Gelegenheit gegeben, sich explizit zu jeder neuen Option zu artikulieren. Ausdrücklich bejahte Varianten bewirken zusätzlich auch noch eine intensive Selbstverpflichtung.

Falls mindestens drei der neuen Handlungsoptionen akzeptiert werden, so ist dieser Schritt damit abgeschlossen. Andernfalls wendet man sich erneut an den kreativen Teil mit der Aufforderung, weitere Ideen hervorzubringen, bis die Mindestanzahl von drei erreicht ist.[20]

5. Öko-Check

Nun ist der Zeitpunkt gekommen abzuklären, ob die Veränderungen ökologisch, d.h. für den Klienten in seiner Gesamtheit sowie für seine Lebensumstände dienlich sind. Dies wird sichergestellt, indem überprüft wird, ob es innerhalb seiner Persönlichkeit andere Anteile gibt, die Vorbehalte gegen den neuen Weg haben.

Es ist absolut legitim und angemessen, daß derartige Einwände an dieser Stelle vorgebracht werden, denn auch dahinter steht die Vermutung, daß diese kritischen Teile damit gute und hehre Absichten verfolgen. Diese zu übergehen oder nicht angemessen zu würdigen, hätte zur Folge, daß sie auf andere Weise später durchbrächen und mit hoher Wahrscheinlichkeit zum Scheitern der gewünschten Veränderungen führen dürften.

Existieren nun also Bedenken, so besteht einerseits der Ansatz zu hinterfragen, ob zusätzliche Ressourcen erwünscht sind, und diese dann einzufügen. Häufig genügt es allerdings auch, mit den zögerlichen Teilen eine Probezeit von einigen Wochen zu vereinbaren, in der das neue Verhalten ungestört ausprobiert werden kann. Sollte indes nichts bewirken, daß die Einwände ausgeräumt werden können, ist es ratsam, zu Schritt Vier zurückzukehren und diesen erneut zu durchlaufen.

---

20 Hinter dieser Anzahl steht die von Richard Bandler stammende Lehrmeinung, daß im Falle von nur einer einzigen Handlungsmöglichkeit man zwangsläufig automatisiert wie ein Roboter handeln muß; bei zwei Alternativen zur Auswahl befindet man sich in einem Dilemma; erst ab drei Optionen besteht tatsächlich so etwas wie Entscheidungsfreiheit.

6. Überbrückung in die Zukunft (Future Pace)

Den abschließenden Schritt stellt die Verankerung des Erfolgs in der Zukunft dar, so daß eine konditionierte Reaktion geschaffen wird. Wird dies vernachlässigt, so besteht das Risiko, daß die erzielten Fortschritte in der Gegenwart quasi steckenbleiben, ohne daß der Transfer auf das künftige Leben und Erleben vollzogen wird.

Der Klient wird zu diesem Zweck aufgefordert, sich mental in die Zukunft zu versetzen, zu einem Zeitpunkt, zu dem das Ziel bereits realisiert worden ist. Anschließend sich so lebhaft und intensiv wie möglich vorzustellen, wie es denn sein wird, dieses erreicht zu haben. Gezielt werden dabei alle wesentlichen Repräsentationssysteme angesprochen und die Aufmerksamkeit des Klienten sukzessive ausgiebig auf jedes einzelne gelenkt.

Damit ist der Prozeß vollendet und der Klient wird wieder ins 'Hier und Jetzt' zurückorientiert.

Übung: Sechs-Stufiges Reframing

1. Wählen Sie eine Ihrer Verhaltensweisen, an der Sie sich schon länger stören. Entspannen Sie sich ein bißchen und gehen Sie dann die sechs Schritte durch.

2. Bitten Sie einen Bekannten, sich als Klient mit einem eigenen Thema zur Verfügung zu stellen, und führen Sie mit diesem das Format durch.

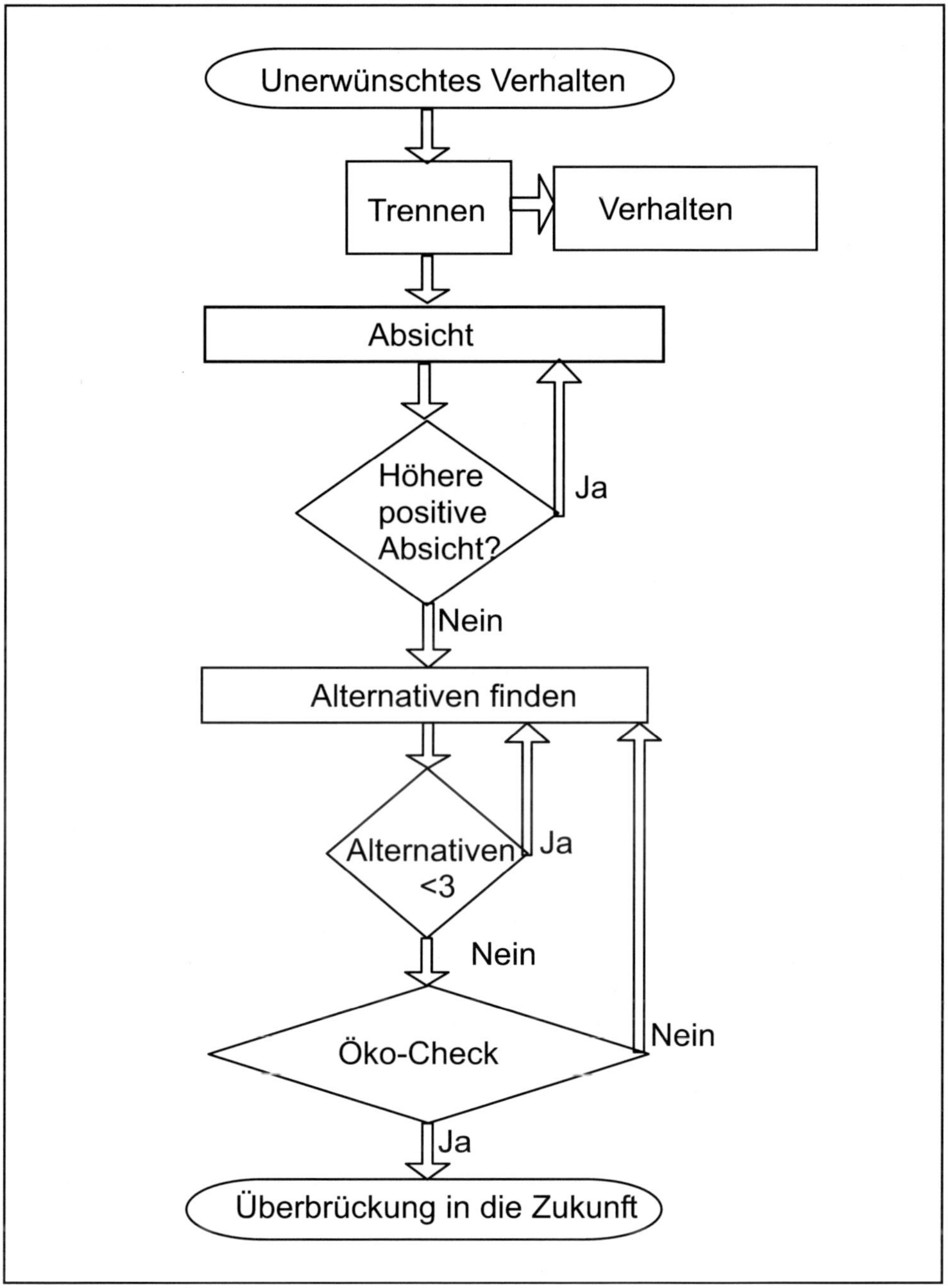

Abbildung 3: Flußdiagramm Sechs-Stufiges Reframing

8. Metaphern

Das Konzept der Metapher[21] beruht darauf, ein Geschehen aus einem Zusammenhang in einen anderen Kontext zu übersetzen und dadurch multiple Ebenen von Bedeutung und Kommunikation anzusprechen. Dies ermöglicht, auf sehr elegante Weise mögliche Widerstände bei Klienten zu umgehen und sehr vielschichtig mit dem Unbewußten zu kommunizieren. Gerade bei sehr verkopften und überkritischen Kandidaten hat sich diese Vorgehensweise als ungemein erfolgreich bewährt.

Die Idee, Inhalte mittels Metaphern zu vermitteln, ist lange vertraut. Sehr ähnliches kennt man beispielsweise schon aus der Bibel in Form der Gleichnisse, die Jesus so gerne verwendet hatte. Auch die Fabeln von Äsop sind nichts anderes. Darüber hinaus kennt jeder diese Form der Kommunikation aus dem Alltag in der Gestalt von Wortspielen und Analogien.

Das Bilden und der Zweck einer Metapher sind gewissermaßen wie das Verbringen eines Ablegers einer kümmernden Garten-Pflanze auf den Balkon, um dort auszuprobieren und herauszufinden, ob sie mehr Ressourcen, beispielsweise mehr Dünger oder andere Lichtverhältnisse benötigt. Natürlich mit dem Ziel, mittels der gewonnenen Erkenntnisse dann die ursprüngliche Blume im Garten zum Gedeihen und Erblühen zu bringen.

Auf ähnlich elegante Weise ermöglicht der therapeutische Einsatz von Metaphern, das Bewußtsein des Zuhörers zu beschäftigen und abzulenken, um damit den kritischen Faktor zu umgehen, so daß gleichzeitig die unbewußten Potentiale angesprochen werden können. Dies ermöglicht, Ressourcen zu aktivieren oder

---

21 Griechisch 'metà phérein': anderswohin tragen.

Lösungsansätze für Problematiken aufzuzeigen, zu denen bislang auf der bewußten Ebene keine Zugang vorhanden war.

Wie genau geht man nun bei der Konstruktion von Metaphern vor? Was ist zu beachten, um eine möglichst sinnvolle und umfassende, in unserem Zusammenhang therapeutische Wirkung erzielen zu können?[22]

Das herausragende Prinzip bei der Gestaltung von Metaphern heißt Isomorphismus[23]. D.h. ein reales Geschehen wird in einen völlig anderen, von der Struktur jedoch gleichartigen Kontext übertragen. Dabei kann es sich dann um ein Märchen, eine Fabel, aber auch um ein erfundenes oder tatsächliches Ereignis mit existierenden Menschen handeln. Die Tabelle veranschaulicht dabei die Analogien zwischen realem Geschehen und Metapher.

Reale Situation	**Metapher**
Klient	Hauptfigur
Person 1	Figur 1
⋮	⋮
Vorkommnis 1	Ereignis 1
⋮	⋮
Problem	Lösungsweg

Tabelle: Isomorphe Gestaltung

22 Eine unerreicht detaillierte Abhandlung zur Formung therapeutischer Metaphern stellt Gordon (2005) dar.

23 Griechisch 'isomorph': von gleicher Gestalt.

Wichtig ist dabei zu vermeiden, daß der Bezug zum Leben der Zielperson allzu offenkundig ist. In so einem Fall wird die Absicht durchkreuzt, beim Zuhörer wirklich unbewußte Prozesse in Gang zu bringen, die oft erst nach Tagen oder noch später soweit gediehen sein werden, daß dem Klienten scheinbar von selbst neue Ideen bzgl. seines Themas einfallen, oder sich auf wundersame Weise ungeahnte Wege und Möglichkeiten eröffnen.

Um die Signifikanz der Metapher für den Zuhörer und seine Situation dramatisch zu erhöhen, dabei allerdings so sublim vorzugehen, daß die Bezüge der bewußten Wahrnehmung mit ziemlicher Sicherheit entgehen, existieren insbesondere zwei Kunstgriffe: die Satir-Kategorien und die Repräsentationssysteme. Beides setzt man zur maßgeschneiderten Gestaltung der Charaktere der Geschichte ein.

Satir-Kategorien

Dem geschulten Beobachter wird sehr schnell auffallen, welche der vier von Virginia Satir beschriebenen Reaktionsweisen für den Klienten typisch sein dürfte. Ebenso, welches sein bevorzugter Sinneskanal ist.

Etwas größer ist die Herausforderung diesbezüglich, was die anderen Personen betrifft, die in das Geschehen involviert sind. Zumeist sind diese dem Coach nicht persönlich bekannt, so daß nur die Darlegungen des Klienten als Informationsquelle dienen können. In der Praxis erweist sich dies erfahrungsgemäß häufig als wesentlich unkomplizierter als zu erwarten wäre. Vor allem spielt es auch keine wirkliche Rolle, ob die betroffenen Personen tatsächlich adäquat beschrieben sind und sich in dieser Form verhalten. Entscheidend ist die Vorstellung, die sich im Kopf des Klienten befindet.

Diese Informationen können sehr sinnvoll eingesetzt werden, um die Repräsentanten in der Geschichte mit den entsprechenden Charakteristika und

Verhaltensweisen ihrer realen Pendants auszustatten, sobald man die Zuordnung einer Person kennt.

Nachfolgende Tabelle gibt dabei einen Überblick über die nonverbalen und verbalen Verhaltensmuster, die für die jeweilige Satir-Kategorie kennzeichnend sind.

	Ankläger	**Beschwichtiger**	**Rationalisierer**	**Ablenker**
Haltung	drohend	entschuldigend	sachlich	konfus
Stimme	laut	leise	monoton	unstet
Verbale Muster	- Universalien: alle, immer, nie, keiner - Imperativ: muß, darf nicht, soll	- Einschränkung: wenn, nur, bloß, eigentlich - Konjunktiv: würde, könnte, sollte	- 'Ich'-Tilgung: es ist, jemand, man - Nominalisierungen	- Abrupte Themenwechsel - Ausweichende Antworten

Tabelle: Satir-Kategorien

Repräsentationssysteme

Der zweite beachtenswerte Aspekt sind die bevorzugten Sinneskanäle, und dabei natürlich die drei Hauptvarianten VAK.

Wie in dem Kapitel über die Repräsentationssysteme dargelegt, reichen die damit verbundenen Eigenschaften weit über die reine Verwendung entsprechender Begrifflichkeiten hinaus. Diese sind ja letztlich auch nur hörbarer Ausdruck der Art zu denken, die für die Person typisch ist. Und dies beeinflußt auf erstaunliche Weise sogar oftmals den Körperbau. Über die dabei wirkenden Kausalitäten oder deren Richtung soll hier nicht spekuliert werden; interessant sind die Zusammenhänge, und deren Nutzung bei der Ausgestaltung der Protagonisten der Metapher. Nachfolgende Tabelle gibt einen Überblick.

	Visuell	**Auditiv**	**Kinästhetisch**
Prädikate	sehen	hören	fühlen
Physiognomie	groß, schlank	mittel	untersetzt oder athletisch
Stimme	hoch, schnellredend	mittel, rhythmisch	tief, langsam
Atmung	Brust	Zwerchfell	Bauch

Tabelle: Repräsentationssysteme

Völlig unabhängig voneinander sind diese beiden Schemata nicht, denn oftmals neigen Ankläger dazu, primär visuell zu sein. Rationalisierer sind tendentiell auditiv und Beschwichtiger kinästhetisch. Allerdings ist die Korrelation nicht sehr strikt, so daß es auf jeden Fall ratsam erscheint, auf beides unabhängig voneinander zu achten.

Zusätzlichen Wert gewinnt die Berücksichtigung der Repräsentationssysteme an der Stelle, wo es um Lösungsansätze geht. Geschicktes Überführen der verwendeten sinnesspezifischen Prädikate der Figuren in eine gemeinsame Modalität kann bei der Bewältigung von Konfliktsituationen, bei denen ein auf Diskrepanzen in diesem Bereich beruhendes Kommunikationsproblem mitverursachend ist, ein wesentliches Moment darstellen. Denn häufig entstehen Mißverständnisse dadurch, daß die beteiligten Personen unterschiedliche primäre Repräsentationssysteme besitzen. Ist dies sehr ausgeprägt, so leben sie buchstäblich in verschiedenen Welten und kommunizieren permanent aneinander vorbei. Und das sogar, wenn sie eigentlich dasselbe meinen.

Eine sehr elegante Form, von einem Sinneskanal in einen anderen zu wechseln, ist die Ausnutzung eines speziellen Phänomens des menschlichen Gehirns: der sogenannten Synästhesie.

Übung: Synästhesie 1

1. Im folgenden sind zwei Figuren abgebildet. Eine davon hat den Namen 'Kiki', die andere heißt 'Buba'. Ordnen Sie die Namen den Figuren zu.

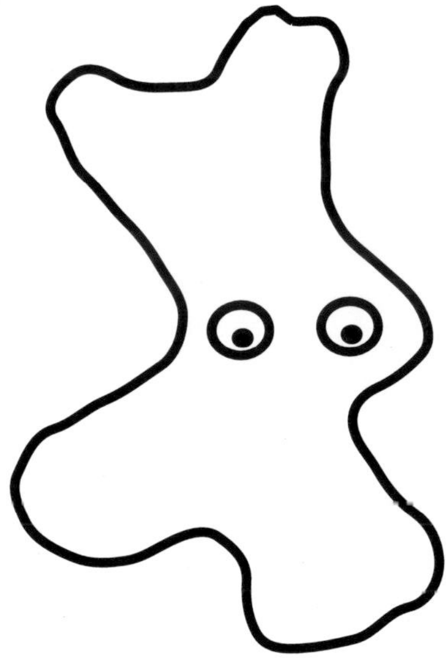

Name Figur 1

Name Figur 2

2. Wie begründen Sie Ihre Entscheidung? Warum haben Sie die Namen nicht andersherum zugeordnet?

____

____

____

Tatsächlich weisen fast alle Menschen bei diesem Test die Namen dergestalt zu, daß die spitze Figur 1 den Namen Kiki erhält, während die rundliche Figur 2 als Buba bezeichnet wird. Unnötig zu betonen, daß Laute keine geometrischen Eigenschaften haben, und es mithin a priori eigentlich keinen Grund geben dürfte, weswegen die Zuordnung signifikant von einer hälftigen Aufteilung abweichen sollte. Dennoch vollzieht das menschliche Gehirn offenkundig solche Verbindungen über unterschiedliche Repräsentationssysteme hinweg.

So haben Untersuchungen gezeigt, daß derartige Verknüpfungen insbesondere zwischen Farben, Tonhöhen und Temperaturen bestehen. Dies schlägt sich auch in der Umgangssprache nieder. So gilt die Farbe Rot als warm. Tiefe Töne wirken ebenfalls warm und werden generell mit dunklen Farben assoziiert. Ebenso existieren zwischen Gestalt, Klangmuster und Beschaffenheit solche Synästhesien. Wie wir in der Übung gesehen haben, wirken rundliche Formen weich(!) im Klang.

Wie genau setzt man diese Eigenschaft nun ein? Nehmen wir zwei Kontrahenten eines Konflikts, beispielsweise eines Ehestreits. Der Gatte ist ein typischer visueller Mensch, die Ehefrau ausgeprägt kinästhetisch orientiert. Empfehlenswert ist es daher, die beiden in der Geschichte auf sozusagen neutralem Boden zusammenzuführen, also im auditiven Repräsentationssystem.

Im einem einfachen Beispiel läßt man den metaphorischen Repräsentanten des Mann daher nach der Nutzung visueller Prädikate irgendwann wechseln. Und zwar sanft mittels eines synästhetisch passenden Übergangs. So spricht er zunächst von seinem roten Auto und anschließend von dessen tiefem Motorbrummen. Die Vertreterin der Frau in der Metapher hingegen tritt auf einen spitzen Stein und stößt daraufhin einen schrillen Schrei aus. Ab da sollten beide mittels auditiver Ausdrücke interagieren und einen sinnvollen Lösungsansatz für ihre Differenzen finden.

Ein weiteres wichtiges Einsatzfeld von Metaphern in der Energy-Hypnose ist die Möglichkeit, metaphorische Geschichten zu verschachteln, um dies sowohl zur Tranceinduktion als auch zur Installation von Veränderungszielen und -wegen zu nutzen.

Übung: Synästhesie 2

1. Finden Sie drei weitere synästhetische Gruppen.

2. Formulieren Sie weitere kurze synästhetische Übergänge:

a. Visuell → Kinästhetisch

b. Auditiv → Kinästhetisch

c. Auditiv → Visuell

d. Kinästhetisch → Visuell

9. Der hypnotische Prozeß

Gelingt es nicht, einen Klienten **in** eine Trance zu bringen, so ist das schade. Gelingt es nicht, einen Klienten **aus** einer Trance zu bringen, so ist das fatal!

Der Ablauf einer typischen Energy-Hypnose-Sitzung besteht aus Vorgespräch, Intro, Suggestionsteil und Extro. Dabei bezeichnet das Intro die Phase des Übergangs in die Trance. Der Suggestionsteil, also der Abschnitt, in welchem die eigentliche Veränderungsarbeit geschieht, vollzieht sich im Zustand der Trance.

Diese kann und wird bei unterschiedlichen Klienten und je nach Phase der Hypnose verschiedene Tiefen erreichen. Bewährt hat sich als Kategorisierung ein dreistufiger Modellansatz, der zwischen leichter, mittlerer und somnambuler[24] Trance differenziert.

Die leichte Form beschreibt dabei einen Zustand ausgeprägter Entspannung, des Gefühls der Schwere sowie der Katalepsie[25] der Augenlider und einzelner Muskelgruppen. Die Umgebung wird nach wie vor passiv wahrgenommen, auch wenn der Aufmerksamkeitsfokus nicht mehr auf ihr liegt.

In der mittleren Trance treten die Umgebungsreize deutlich weiter in den Hintergrund, können allerdings prinzipiell noch erfahren werden. Stattdessen stehen innere Vorgänge, Bilder, Töne und Erinnerungen im Zentrum. Das Schmerzempfinden ist merklich herabgesetzt, und das Zahlengedächtnis ist blockiert.

---

24 Eigentlich 'schlafwandlerisch' (Lateinisch 'somnus': der Schlaf und 'ambulare': wandern), hat sich der Ausdruck in Literatur und Praxis in dieser Verwendung inzwischen eingebürgert.

25 Griechisch 'katálēpsis': das Festhalten. Gemeint ist damit die Unfähigkeit zur Bewegung.

Im tiefen Zustand der somnambulen Trance schließlich ist die Außenwelt nicht mehr bewußt erfahrbar. Komplexe posthypnotische Suggestionen, inklusive Halluzinationen und Amnesien, sind möglich.

Trance-Tiefe	**Phänomene**
leicht	- Entspannung - Gefühl der Schwere - Katalepsie - Reduzierte Wahrnehmung der Umwelt
mittel	- Reduziertes Schmerzempfinden - blockiertes Zahlengedächtnis - Stark eingeschränkte Wahrnehmung der Umwelt - Fokussierung auf interne Prozesse
somnambul	- Keine Wahrnehmung der Umwelt - Posthypnotische Suggestionen - Halluzinationen - Amnesie

Tabelle: Trance-Stufen

Den Abschluß des hypnotischen Prozesses bildet die Rückkehr in den normalen Wachzustand, das sogenannten Extro. Während das Intro die größten Herausforderungen an Fähigkeiten und Flexibilität des Hypnotiseurs stellt, ist das Extro der wichtigste Teil.

Vorgespräch

Das Vorgespräch mit dem Klienten, das der Hypnose unmittelbar vorausgeht, dient einerseits dazu, sog. Rapport zwischen beiden zu etablieren. Damit gemeint ist eine harmonische Verbindung zwischen Personen, die ein starkes Gefühl von Vertrauen begründet, wie es typischerweise zwischen Menschen besteht, die sich in Auftreten, Verhalten, Gestik und Mimik, aber auch auf verbaler und inhaltlicher Ebene ähneln.[26] Dies erreicht der Hypnotiseur, indem er sich dem Klienten in den genannten Punkten dezent und unauffällig angleicht.

Andererseits wird das Ziel der Zusammenarbeit konkret und explizit gemäß den Wohlgeformtheitskriterien vereinbart. Schließlich wird auch das ausdrückliche Einverständnis des Klienten in die Hypnose, den bevorstehenden Ablauf und insbesondere mögliche körperliche Berührungen eingeholt. Dies erfordert naheliegenderweise, daß dem Probanden zunächst detailliert die einzelnen Schritte des Energy-Hypnose-Prozesses dargelegt werden.

Gleichzeitig bieten diese Ausführungen eine hervorragende und auf jeden Fall zu nutzende Gelegenheit, eine Reihe von Erwartungen bzgl. des hypnotischen Ablaufs zu installieren und verschiedene irreführende Vorstellungen über Hypnose zu relativieren. Bewährt hat sich z.B. der Hinweis, Trance sei etwas jedem Wohlbekanntes, das im Wesentlichen dem Zustand vor dem Einschlafen oder unmittelbar nach dem Aufwachen entspräche. Auch sollte darauf hingewiesen werden, daß der Klient - mindestens zunächst(!) - auch in der Hypnose alles um sich herum mitbekommen werde.

---

26 Die moderne Neurophysiologie macht für diese Phänomene die 1995 von Giacomo Rizzolatti entdeckten Spiegelneuronen im Gehirn verantwortlich, die permanent darauf achten, daß und wie stark unser Verhalten das unserer Mitmenschen widerspiegelt.

Ein sehr wichtiger Punkt des Vorgesprächs ist der Hinweis darauf, daß der Hypnotiseur Anweisungen geben werde, die bei Beachtung den Klienten in eine Trance führen und die vereinbarten Veränderungen bewirken können. Die Entscheidungshoheit, diesen zu folgen, jedoch gänzlich in dessen Verantwortungsbereich verbleiben werde.

Optional können während des Vorgesprächs ideomotorische Fingersignale für die Kommunikation während der Trance vereinbart werden. Ebenfalls nicht zwingend erforderlich, allerdings in der Praxis durchaus bewährt sind sog. 'Convincer', i.e. Techniken, die dazu dienen sollen, den Probanden von seiner Suggestibilität und unbewußten Reaktionsfähigkeit zu überzeugen.[27]

Nach Abschluß des Vorgesprächs, das keinesfalls länger als 15 Minuten dauern darf,[28] folgt zügig die Einleitung der Hypnose, also der Übergang zum Intro.

Intro

Da Hypnose inhärent bedeutet, in einen veränderten Zustand zu wechseln, ist es erforderlich, Routinen zu nutzen, die den Weg dorthin weisen und begleiten. Die für diesen Zweck während des Intros angewendeten Verfahren werden insgesamt als Induktionsmethoden bezeichnet.

---

27 Ein wirkungsvolles Beispiel eines solchen Convincers werden Sie im Transkript kennenlernen.

28 Ein sich länger hinziehendes Vorgespräch ist durchweg Konsequenz diverser Vermeidungsstrategien von Klienten, die auf oft höchst kreative Weise ihre Scheu vor der Hypnose kaschieren - auch und gerade vor sich selbst. Erkennt man solche Mechanismen, sollten diese direkt angesprochen werden und/oder gegebenenfalls nahegelegt werden, daß aktuell die Zeit für den Klienten offenkundig noch nicht reif ist, sich auf eine Trance einzulassen. Alles andere ist Verschwendung von Zeit und Nerven ohne Aussicht auf ein sinnvolles Ergebnis.

Elementare Herangehensweise der Energy-Hypnose ist es, auf allen Ebenen die Dinge zu verwenden, die funktionieren und in der Praxis den größten Anwendungserfolg zeigen. Daher ist es nicht verwunderlich, daß auf eklektizistische Weise Inspirationen aus unterschiedlichen Ansätzen Eingang gefunden haben, zumal gerade bei der Frage der Induktionsmethode höchste Flexibilität auf Seiten des Hypnotiseurs gefordert ist. Menschen sind unterschiedlich, und somit bleiben Vorgehensweisen, die bei vielen hervorragende Resultate zeitigen bei anderen völlig ohne Effekt.

Die beiden zentralen Verfahren, die in von der Energy-Hypnose eingesetzt werden, sind einerseits der permissive Stil in der Tradition Milton Ericksons, anderseits die Vorgehensweisen nach Dave Elman, der mit direktiven Instrumenten gearbeitet hat. Auch wenn diese beiden Techniken auf den ersten Blick unvereinbar erscheinen, erweist sich in der praktischen Anwendung, daß gerade die sinnvolle und flexible Kombination der beiden überdurchschnittlich erfolgreich ist. So kommt es zum einen auf die Phase des Induktionsprozesses an, zum anderen natürlich auch stark auf die Persönlichkeit des Hypnotisanden (und des Hypnotiseurs!) wie die jeweilige Gewichtung auszufallen hat.

Darüber hinaus existieren noch diverse weitere Induktionsansätze. Exemplarisch erwähnt seien die berühmten Pendel, die diversen Musterunterbrechungen, Blitzinduktionen bei Bühnenhypnosen, Estabrook'sche Testinduktion oder die historischen Streichbewegungen von Mesmer. Teilweise handelt es sich dabei lediglich um Variationen der beiden oben genannten Konzepte. Unabhängig davon ist es jedoch in jedem Fall dienlich und empfehlenswert, ein möglichst breites Repertoire zu kennen und zu beherrschen.[29]

---

29 Bei Interesse an weiterer Vertiefung sei an dieser Stelle erneut Kossak (2004) empfohlen.

Erickson

Der reichhaltige Schatz der von Milton Hyland Erickson (1901-1981) entwickelten und eingesetzten, teils enorm subtilen Techniken, würde den Rahmen dieses Buches sprengen.[30] Die zahlreichen Feinheiten und Verzweigungen sind darüber hinaus für die praktische Anwendung auch völlig entbehrlich und eher dem Spezialisten vorbehalten. Da es sich bei Energy-Hypnose um ein prinzipiell offenes und ausbaufähiges System handelt, lassen sich natürlich all diese Erweiterungen mühelos und sinnvoll inkorporieren.[31] Für den Anfang sollte man sich jedoch auf die Basics konzentrieren, bis diese einwandfrei beherrscht werde. Alles andere stiftet mehr Verwirrung als Nutzen.

Das A und O jeder aussichtsreichen Hypnoseinduktion ist die Stimmführung. Erstens ist darauf zu achten, lediglich dann zu sprechen, wenn der Klient ausatmet. Dies läßt sich sehr einfach bewerkstelligen, wenn der Hypnotiseur seinen Atemrhythmus mit dem des Klienten synchronisiert. Der nicht zu unterschätzende Nebeneffekt davon ist, daß diese Angleichen der Atmung eine außerordentlich positive Auswirkung auf den Rapport zwischen den beiden Beteiligten hat. Gerade die Atmungsfrequenz spielt in diesem Zusammenhang eine herausragende Rolle und ist zusätzlich eine der am unterschwelligsten einsetzbaren.

Der zweite wichtige Aspekt ist, im Befehlsmodus zu sprechen, d.h. zum Ende eines Satzes mit der Stimme nach unten zu gehen. Dabei muß es sich inhaltlich nicht um einen Befehl im engeren Sinne handeln. Vielmehr besitzt diese Art zu sprechen

---

30 Einen immer noch nicht erschöpfenden Überblick über Ericksons Lehrwerk bieten: Erickson & Rossi (2007a) und (2007b) sowie Erickson, Rossi & Rossi (2009)

31 Das kommentierte Nichtraucher-Transkript enthält einige dieser Finessen samt Erläuterungen, so daß Ihnen dort ein schöner Einblick in die prinzipiellen Möglichkeiten geboten wird.

(auch 'Downwards Inflection' genannt) eine stark beruhigende bis einschläfernde Wirkung - nahezu unabhängig davon, was gesagt wird.

Da das Ziel der Induktion ist, den Aufmerksamkeitsfokus des Hypnotisanden mehr und mehr von der Außenwelt auf innere Vorgänge zu verschieben, nutzt man die sogenannte 3-2-1-Methode. Dabei werden zunächst drei externe Wahrnehmungen mit einer internen verknüpft. Anschließend zwei Außenreize, mit zwei Innenwahrnehmungen und schließlich wird nur noch auf einen Stimulus von draußen Bezug genommen. Außenreize können dabei sein: Geräusche (z.B. das Ticken einer Uhr), Empfindungen (wie die Temperatur im Raum), visuelle Reize (etwa ein Gemälde an der Wand); kurzum alles, was auch für den Klienten momentan mit seinen fünf Sinnen in der Umgebung erfaßt werden kann.

Interne Wahrnehmungen stellen einerseits Vorgänge wie Atmung oder Herzschlag und Gefühle im Körperinneren dar, anderseits interne Vorstellungen und Bilder, die vor allem dann angesprochen und auf welche die Aufmerksamkeit gelenkt werden sollte, sobald der Klient die Augen geschlossen hat.

Da der Hypnotiseur natürlich nie genau wissen kann, was sein Gegenüber tatsächlich gerade an Stimuli registriert, sind alle Aussagen möglichst vage zu formulieren, also mit Begriffen wie: 'möglicherweise', 'vielleicht', 'eventuell', 'könnte sein', etc. zu kombinieren. Darüber hinaus sollten die Sätze mittels Konjunktionen wie: 'und', 'während', 'sobald', 'nachdem', 'weil', etc. verbunden werden. Die letzteren haben nebenbei bereits einen leicht suggestiven Charakter.

Übung: Wahrnehmungen

1. Finden Sie drei Reize in Ihrer gegenwärtigen Umgebung (einen visuellen, einen auditiven und einen kinästhetischen).

____

____

2. Finden Sie drei Ihrer aktuellen internen Wahrnehmungen.

____

____

3. Zählen Sie drei Außenstimuli auf und fügen Sie daran mittels einer kausalen Konjunktion einen internen Reiz an. Anschließend zwei von Außen und zwei von Innen. Schließlich einen Außenreiz mit drei Innenreizen. Formulieren Sie dabei schriftlich jeweils in der oben beschriebenen Weise kunstvoll vage.

____

____

____

____

____

Elman

Dave Elman (1900 – 1967) kam als Sohn eines Showhypnotiseurs schon sehr früh mit der Thematik in Berührung und entwickelte auf dieser Basis eine sehr effektive Schnellinduktion, die in der Grundstruktur wie in der Folge dargestellt abläuft.

Zunächst wird der Klient gebeten, tief einzuatmen, die Luft kurz anzuhalten und daraufhin beim Ausatmen die Augen zu schließen. Das dabei wahrnehmbare Gefühl der Entspannung in den Augenlidern wird mittels entsprechender Suggestionen auf den Rest des Körpers ausgedehnt.

Anschließend wird der Proband darauf vorbereitet, auf ein Stichwort die Augen kurz zu öffnen. Öffnet er die Augen, wird er aufgefordert, diese wieder zu schließen. Unterstützt und begleitet wird dieser Augenschluß, indem der Coach die eigene Hand mit zwei ausgestreckten Fingern in etwa 20 cm Abstand vor den Augen des Klienten nach unten bewegt, entlang des Körpers. Diese Sequenz wird noch zwei bis dreimal wiederholt, bis der Klient erkennbare Mühe hat, die Augen auf die Aufforderung hin zu öffnen.

Nun wird angekündigt, daß ein Arm des Klienten am Handgelenk etwa 30 cm angehoben werden wird. Er solle diesen ganz locker lassen, so daß er nach dem Loslassen ganz schlapp wieder nach unten fällt. Dies wird begleitet mit entsprechenden Suggestionen, daß das Herabfallenlassen des Arms die Entspannung weiter vertiefen werde.

Zum Abschluß fügt sich an die körperliche Entspannung die geistige an. Elman verwendete dazu die Anweisung an den Klienten, er könne und solle laut von '100' langsam rückwärts zählen. Und spätestens sobald er bei '98' angekommen sei, seien alle Zahlen aus seinem Geist verschwunden und dieser völlig leer.

Übung: Elman

1. Führen Sie die Elman-Induktion als Selbst-Hypnose durch. Suggerieren Sie sich zu Beginn, nach 10 Minuten automatisch wieder aufzuwachen.

Synthese

Energy-Hypnose kombiniert nun diese beiden Varianten dergestalt, daß zunächst mittels der 3-2-1-Methode Rapport hergestellt und vertieft sowie ein angenehm entspannter Zustand erreicht wird. Sobald der Augenschluß automatisch erfolgt ist, schließen sich die Elman-Vorgehensweisen an.

Das dabei durchgeführte wiederholte Öffnen und erneute Schließen der Augen bewirkt eine sogenannte Fraktionierung des Trance-Zustandes, denn der Klient wird jedesmal wieder ein gutes Stück aus der Hypnose herausgerissen. Doch der Effekt ist regelmäßig, daß die sich anschließende Rückkehr in den hypnotischen Zustand zu einer signifikanten Vertiefung führt. In der Nutzung genau dieser Wirkung gründet sich ein wesentlicher Teil der Effizienz der Energy-Hypnose. Nicht alle Aspekte des Elman'schen Grundschemas werden indes jedesmal verwendet. Sowohl das Anheben des Arms als auch das laute Rückwärtszählen eignet sich eher nur in Ausnahmefällen, bzw. ist zumeist nicht erforderlich. Hingegen das spezielle Abzielen auf eine ausdrücklich auch geistige Entspannung sollte allerdings stets in der einen oder anderen Form mit entsprechenden Suggestionen betont werden.

In der Literatur und in der Fachwelt tobt seit einigen Jahrzehnten ein teils sehr dogmatischer Disput, ob nun der permissive oder der direktive Stil der einzig wahre sei. Abgesehen davon, daß sich einem häufig der Eindruck aufdrängt, die theoretischen Diskussionen würden in erster Linie von Personen geführt, die auf wenig oder gar keine praktische Übung - weder mit der einen noch mit der anderen Methode - blicken können, sollte die eigentliche Empfehlung dahin gehen, eigene Erfahrungen zu machen. Wie eingangs erwähnt, spielt nicht nur der Charakter des Klienten eine entscheidende Rolle, auch das Naturell und die Tagesform des Hypnotiseurs sind nicht zu unterschätzende Determinanten. Manchen liegt die eine Methode einfach mehr als die andere. Dagegen ist überhaupt nichts einzuwenden. Beide Ansätze haben ihre Meriten und ihre Berechtigung. Und beide funktionieren prinzipiell durchaus vergleichbar gut, je nach Kontext. Viel entscheidender als das verwendete Vorgehen ist, daß der Hypnotiseur bei seiner Arbeit authentisch ist und wirkt.

Suggestionsteil

Sobald der Klient in einen hinreichend tiefen Trance-Zustand eingetaucht ist, beginnt der Übergang in die eigentliche Veränderungsarbeit. Hier im Suggestionsteil finden die in den vorhergehenden Kapiteln beschriebenen Techniken ihren Einsatz, also der Zieleprozeß mit dem Einfügen von Ressourcen, das Sechs-Stufige Reframing, die Zeitverzerrungen und Metaphern. Zusätzlich werden außerdem direkte Verhaltensanweisungen gegeben, sowohl was Handlungen innerhalb der Hypnose betrifft, beispielsweise Armlevitation oder weitere Trance-Vertiefung, als auch bzgl. posthypnotischer Reaktionen, insbesondere partieller Amnesien.

Extro

Den Abschluß einer Hypnose bildet das Extro. Wie zu Beginn angedeutet, handelt es sich dabei im Grunde um den wichtigsten Abschnitt der Trance, bei dem die größte Sorgfalt erforderlich ist. Scheitert die Induktion, was selbst den erfahrensten Hypnotiseuren ab und an widerfährt, so ist das zwar bedauerlich, jedoch ist kein großer Schaden entstanden.

Wird jedoch bei der Auflösung der Hypnose gepfuscht, können die Konsequenzen dramatisch sein. Das geringere Problem dabei ist, wenn jemand zunächst überhaupt nicht reagiert. Vermutlich ist derjenige schlicht eingeschlafen, und es liegt im Ermessen und Terminkalenders des Hypnotiseurs, ob er ihn einfach weiter schlummern läßt oder sanft bis bestimmt aufweckt.

Sollte der Klient stattdessen in sehr tiefer Trance sein, wird mit den Extro-Suggestionen lediglich etwas entschiedener weitergemacht, bis die entsprechenden Reaktionen kommen. Alternativ kann man auch in so einem Fall den Hypnotisanden einfach in der Hypnose belassen. Spätestens wenn die Blase o.ä. sich meldet, wird derjenige wieder zu sich kommen. Die oft geäußerte Befürchtung, man käme womöglich nie mehr aus der Trance, kann man beruhigt ins Reich der Ammenmärchen verbannen. So etwas geschieht nicht.

Die wirkliche Gefahr besteht darin, daß der Klient scheinbar wieder völlig in den Wachzustand zurückgekehrt ist, tatsächlich sich aber noch in einer dämmrigen Verfassung befindet, und nach wie vor primär von seinen internen Eindrücken und Vorgängen gefesselt ist. Oder womöglich auch Puls und Blutdruck sehr niedrig sind. Dies ist häufig von außen nicht ohne weiteres erkennbar - gerade für den Anfänger. Bedenkt man, daß jemand anschließend in so einem Zustand am Straßenverkehr teilnehmen wird, womöglich als Lenker eines Fahrzeugs, wird die Bedeutung einer vollständigen Aufhebung der Trance unschwer deutlich.

Technisch vollzieht sich das Extro prinzipiell spiegelverkehrt dem Intro: gesprochen wird auf das Einatmen des Klienten sowie das Ende der Sätze betont. Dabei darf und sollte die Stimme merklich lauter und entschiedener als zuvor sein.

Inhaltlich wird der Klient wieder auf die Umwelt orientiert, d.h. er wird nun mehr und mehr auf die wahrnehmbaren Reize der Umgebung hingewiesen. Zusätzlich kommen Zähltechniken zum Einsatz, im einfachsten Fall: "Ich zähle nun von Eins bis Drei. Mit jeder Zahl wirst Du wacher. Sobald ich 'Drei' sage, öffnest Du die Augen, bist wieder völlig wach im Hier und Jetzt und fühlst Dich ausgeruht wie nach einem langen erholsamen Schlaf!".

Sobald der Klient die Augen aufgemacht hat, wird er gebeten, sich ausgiebig zu strecken und zu recken, sich umzuschauen, möglichst auch noch ein paar Schluck Wasser zu trinken. Bis die Orientierung in der Gegenwart erkennbar wieder vollständig erreicht ist. Speziell für Klienten, die mit dem Auto gekommen sind, hat sich bewährt zu empfehlen, erst noch einmal an der frischen Luft eine Runde um den Block zu gehen, bevor man sich hinters Lenkrad setzt. Sicher ist sicher!

Sehr ratsam ist, als Abschluß den Klienten zu befragen, was sich in seinem Empfinden in Bezug auf sein Thema nun verändert hat. Einerseits lenkt es davon ab, sich gleich mit der vorangegangenen Hypnose zu befassen und diese nachgerade zu zerpflücken, was stets höchst kontraproduktiv wäre. Der Coach sollte alle Ansätze, die in diese Richtung gehen könnten, sofort stoppen. Andererseits gibt es dem Klienten bereits ein Gefühl für die erlangten Fortschritte.

10. Selbst-Hypnose

Selbst-Hypnose bietet gegenüber der Arbeit mit einem Hypnotiseur Vor- und Nachteile. Zwar ist man in der Anwendung terminlich deutlich unabhängiger, denn man kann sie durchführen, wann immer man hinreichend Zeit und einen ruhigen Ort findet. Dafür muß in Kauf genommen werden, daß während der Trance auf die Expertise und das flexible Reagieren auf aktuelle Geschehnisse und Erfordernisse verzichtet werden muß, die nur ein externer Begleiter bieten kann. Auch ist es kaum möglich, komplexe Abläufe wie Sechs-Stufiges Reframing oder Einfügen von Ressourcen in vergleichbar entspannter und tiefer Hypnose ebenso professionell auszuführen oder sich die jeweils gerade am besten passenden Suggestionen geben zu lassen.

Nicht so entscheidend ist hingegen der Unterschied in Bezug auf die erreichbaren Trance-Tiefen, denn nach hinreichend Übung wird man auch selbst bis zu somnambulen Zuständen gelangen können. Gerade dann ist indes ein gezieltes Intervenieren, wie es in Gegenwart eines Hypnotiseurs möglich und besonders effektiv wäre, nicht mehr ausführbar.

Auch der Ablauf gestaltet sich in veränderter Form. Anstelle des Vorgesprächs tritt die eigene Auseinandersetzung mit dem zu erreichenden Zweck der anschließenden Selbst-Hypnose. Dies sollte am besten schriftlich vollzogen werden, denn zum einen bietet das eine intensivere und für sich selbst besser überprüfbare Form, zum anderen wirkt es auch direkter und verpflichtender auf den nachfolgenden Prozeß ein. Dabei können die Absichten reichen von einer reinen Entspannungs-Hypnose ohne Suggestionen, über die Verankerung von Zielen[32]

32 Schon in dieser Phase den Wohlgeformtheitskriterien entsprechend ausformuliert.

und das Geben von förderlichen Autosuggestionen, bis zu vielschichtigen internen Abläufen.

Im Anschluß an die ausführliche Auseinandersetzung mit den Intentionen der Selbst-Hypnose werden in einer entspannten Position auf wohlwollende und wertschätzende Weise die Ziele und Absichten der nun folgenden Trance an das eigene Unbewußte kommuniziert. Bei Bedarf ist diesem auch in ausdrücklicher Form mitzuteilen, zu welcher Zeit die vollständig Rückkehr ins Hier und Jetzt stattfinden soll. Zumeist ist das Unbewußte beeindruckend exakt, was dies betrifft, doch selbstverständlich kann man sicherheitshalber auch einen Wecker stellen, vor allem dann, wenn im Anschluß noch Pläne anstehen. Denn es ist der Entspannung, Ruhe und Gelassenheit, wie sie für eine sinnvolle Selbst-Hypnose unerläßlich sind, nicht gerade dienlich, wenn terminliche Befürchtungen bestehen.

Nach diesen Vorbereitungen beginnt die Induktion. Im vorhergehenden Kapitel haben Sie im Zusammenhang mit der Elman-Übung damit bereits erste Erfahrungen sammeln können. Dort handelte es sich um eine sogenannten Leer-Hypnose, da es lediglich um das Eintauchen in eine Trance ging, ohne damit irgendeine Veränderung oder Suggestion zu verbinden. Empfehlenswert ist auch hier, unterschiedliche Ansätze auszuprobieren, um einerseits herauszufinden, was für einen selbst am besten funktioniert, und um andererseits auch ein hohes Maß an Flexibilität und Wahlmöglichkeiten zu erwerben. So ist insbesondere die 3-2-1-Induktion für den Anfänger ideal dafür geeignet, sich von außen nach innen zu orientieren. Die Wahrnehmungs-Übung aus dem vorherigen Kapitel bietet dafür die Grundlage.

Mehr und mehr beginnt nun das Hingeben an die unbewußten Abläufen und die bewußte Kontrolle kann losgelassen werden. Je nach erreichter Trance-Tiefe wird und kann in diesem dem Suggestionsteil analogen Abschnitt von den nun ablaufenden Prozessen noch etwas bewußt wahrgenommen und gesteuert werden oder auch nicht. Das Unbewußte wird jetzt die in der Vorbereitung abgesteckten und als Bitte und Aufforderung an es gerichteten Schritte weitgehend autonom ausführen und umsetzen.

Auch das Extro vollzieht sich zwangsläufig ohne Einwirkung und Begleitung durch eine externe Person. Daher seien die Warnungen aus dem vorherigen Kapitel nochmals ausdrücklich wiederholt. Stellen Sie sicher, daß Sie wirklich wieder vollständig aus der Trance herausgekommen sind. Unterstützen Sie dies auch dann, wenn Sie scheinbar bereits wieder wach sind, nochmals mit ausdrücklich formulierten Aufforderungen, die Sie an sich selbst richten. Strecken Sie sich, atmen Sie tief, trinken Sie einige Schluck Wasser und bewegen Sie sich am besten auch an der frischen Luft. Vor allem, wenn Sie anschließend autofahren oder Maschinen bedienen wollen, ist dieser Punkt nicht sorgfältig genug zu beachten.

Im Zusammenhang mit Selbst-Hypnose sollen Hypnose-CDs und Audio-Dateien nicht unerwähnt bleiben, zumal es hier ein sehr reichhaltiges Angebot im Handel zu jedem erdenklichen Thema gibt, und sich diese auch zunehmender Beliebtheit erfreuen. Zwar können diese im Einzelfall tatsächlich durchaus hilfreich sein, vor allem sind sie in der Anwendung ausgesprochen einfach. Allerdings variiert die Qualität bei Kaufprodukten ganz erheblich. Hauptnachteil ist jedoch die völlig fehlende Flexibilität und Abgestimmtheit auf den individuellen Hörer; sowohl was die Induktionsverfahren betrifft, und mehr noch bzgl. der gegebenen Suggestionen. Daher bewirken sie nur selten den erhofften Erfolg, der von den Anbietern meist sehr vollmundig in Aussicht gestellt wird. Die Enttäuschung bleibt dann natürlich nicht aus, und nur allzuoft wird diese unerfreuliche Erfahrung dann weniger auf das spezielle Produkt bezogen als der Methode der Hypnose generell angelastet.

Geeigneter sind im Prinzip eigenproduzierte Varianten, d.h. selbst gesprochene Aufnahmen, denn der Urheber wird auf seine eigenen individuellen Bedürfnisse und Präferenzen besser als jeder andere Rücksicht nehmen können. Häufig fehlt es allerdings aufgrund der mangelnden Erfahrung und Sachkunde gerade bei Anfängern auf diesem Gebiet leider oft an der erforderlichen Professionalität, um tatsächlich effektive Ergebnisse zu liefern. Im schlimmsten Fall können dabei sogar unbeabsichtigt kontraproduktive oder nachteilige Wirkungen hervorgerufen werden.

Ein besonderes Problem stellen bei der Selbst-Hypnose die so bezeichneten 'blinden Flecken' dar. Denn gerade die für erfolgreiche Veränderungsarbeit entscheidenden und oft schmerzhaften Punkte wird man selber fast immer ausblenden und umgehen wollen, so sie einem überhaupt bewußt sind. Dies kann nur emphatische und kompetente Intervention von Außen leisten, die speziell ein Augenmerk auf die Aspekte haben wird, die den nachhaltigsten Effekt zu bewirken versprechen.

Die beste und verläßlichste Empfehlung ist daher, sich zunächst an einen erfahrenen und qualifizierten Hypnotiseur zu wenden. Dadurch ist garantiert, daß man in kontrollierter und sicherer Umgebung mit den Möglichkeiten der Hypnose vertraut wird, um unter professioneller Anleitung in die komplexen Spezifika der Selbst-Hypnose eingewiesen zu werden und optimale Ergebnisse zu erhalten.

11. Fragebogen-Technik

Ein Geheimnis der Effektivität und Effizienz einer typischen Energy-Hypnose-Sitzung besteht darin, daß die Intervention bereits begonnen hat, bevor der Klient die Praxis betritt.

Wie wird das ermöglicht? Dadurch, daß der Kunde bereits einige Tage zuvor einen speziell gestalteten Fragebogen übermittelt bekommt, ausfüllt und zurückschickt.

Dies dient einerseits der intensiven Beschäftigung mit der anstehenden Thematik vorab, wobei die Fragen so ausgewählt sind, daß sie Perspektiven und Aspekte anstoßen, die höchstwahrscheinlich bislang in dieser Form seitens des Klienten nicht einbezogen worden waren. Anderseits erlaubt es dem Coach, wertvolle Einblicke in die spezielle Struktur der Problematik sowie in die Persönlichkeit des Klienten zu gewinnen; beispielsweise ist fast immer erkennbar, welches das primäre Repräsentationssystem ist und meist auch, welche Satir-Kategorie für das Verhalten des Verfassers typisch sein dürfte.

Doch entscheidend ist die Wirkung, durch die Auseinandersetzung mit den Fragen unbewußte Prozesse in Gang zu setzen, die dafür sorgen, daß der Klient optimal vorbereitet zum eigentlichen Termin erscheinen wird, so daß dort der maximale Nutzen erzielt werden kann. Schon aus diesem Grund ist es entscheidend, zwischen Ausfüllen des Fragebogens und Energy-Hypnose-Termin mindestens zwei Tage, jedoch nicht mehr als eine Woche verstreichen zu lassen.

Ähnliche Intentionen verfolgen häufig auch Vorgespräche oder Erstinterviews, wie sie bei einigen therapeutischen Ansätzen integriert sind. Zwar haben diese durchaus den Vorteil, dem Coach prinzipiell einen umfassenderen Eindruck von der Person des Klienten zu ermöglichen als dies ein Fragebogen könnte, doch besteht dabei auch leicht das nicht zu unterschätzende Risiko, sich in Nebensächlichkeiten zu verlieren und wesentliche Aspekte zu übersehen, die das gründliche Studium eines ausgefüllten Fragebogens mühelos offenbart hätte. Auch der zusätzliche terminliche Aufwand steht nach aller Erfahrung in keinem Verhältnis zu den potentiellen Vorzügen, die sich meist ohnehin nicht realisieren.

Neben der Standardisierung und der einfachen postalischen oder digitalen Übermittlung besitzt die Fragebogen-Technik darüber hinaus auch noch den entscheidenden Nutzen, daß der Klient sich tatsächlich intensiv und ohne Hektik mit den gestellten Fragen auseinandersetzen kann, ohne sich zu hastigem Antworten gedrängt zu fühlen, wie es in Dialogsituationen fast unvermeidlich der Fall wäre. Nur so können sich die beschriebenen Effekte optimal entfalten.

Wie sehen nun die magischen Fragen im einzelnen aus?

Exemplarisch ist im folgenden ein Fragebogen wiedergegeben, der speziell im Zusammenhang von Nichtraucher-Coaching verwendet wird. Die gestellten Fragen sind kursiv gedruckt, die Erläuterungen unformatiert.

1. Wie stark ist Ihre Motivation, Nichtraucher zu sein (bitte auf der Skala markieren)?

Gar nicht...Sehr stark

Die Selbsteinstufung der eigenen Motivation bewirkt unweigerlich die Auseinandersetzung damit, wie ernst es einem tatsächlich mit dem Erreichen des Ziels ist. Oft ist dies zuvor nicht oder nur unzureichend bewußt. Natürlich ist es von entscheidender Bedeutung für das Ergebnis, daß der eigene Ansporn hinreichend ausgeprägt ist. Daher kommt es durchaus vor, daß bei nur geringer Begeisterung für das angestrebte Ziel (wie das bei 'Besuchern' nicht selten der Fall ist), Ehrlichkeit zu sich selbst an dieser Stelle bewirkt, daß eigentlich realistischerweise gar kein Erfolg erwartet werden kann, und deshalb das Ganze lieber gleich gelassen werden sollte. Dies ist nicht nur absolut legitim, sondern erspart darüber hinaus Geld, Mühe und Frustration. Die Empirie zeigt, daß sich in so einem Fall nur selten das angegebene Ziel wird erreichen lassen. Was selbstverständlich nicht heißen muß, daß dies für immer so bleiben muß. Oftmals brauchen die internen Prozesse einfach ein Weile, bis die Zeit dafür reif ist, und dann sind die Erfolgsaussichten ungleich besser.

Dem Coach ermöglicht die Angabe auf der Skala bereits wichtige Hinweise, an welchen Stellen in der avisierten Sitzung die Schwerpunkte zu setzen sind, und ob die Erfordernis besteht, speziell die Motivation mittels geeigneter Suggestionen zu unterstützen und zu stärken.

2. Was motiviert Sie dazu, Nichtraucher zu sein? Was versprechen Sie sich davon?

Hiermit stellt sich die Frage nach den Zielen hinter dem Ziel. Bewußt und unbewußt wird dabei angestoßen zu erforschen, was der Klient über das Vordergründige hinaus noch oder eigentlich für sich erreichen möchte. Sehr häufig ist der verkündete Zweck - in diesem Fall das Nichtrauchen - nur ein Vehikel, um noch ganz andere, vielleicht viel wichtigere Ziele zu verwirklichen. Oder es steht eine Absicht dahinter, die man sich selbst aus irgendwelchen Gründen heraus nicht eingestehen darf oder kann. Zwar ist kaum zu erwarten, daß solche Motivationen dann als Antworten formuliert werden, doch das spielt keine Rolle. Denn wie eingangs erläutert ist die eigentliche Intention ja das Auslösen unbewußter Abläufe.

Dem geschulten Blick des erfahrenen Coach wird es in aller Regel dennoch ersichtlich sein, worum es noch gehen könnte. Oft ist das, was nicht mitgeteilt wird, beredter als das, was gesagt wird.

3. Was hinderte Sie bislang daran, Nichtraucher zu sein? Was haben Sie bislang versucht?

Auf die Vergangenheit bezogen soll dies den Klienten inspirieren, sich eingehend mit den Gründen für das bisherige Verfehlen des Ziels auseinanderzusetzen und dabei Erkenntnisse zu gewinnen, um diese präzise angehen zu können und dadurch den Weg zukünftig frei zu machen.

Für den Coach bietet sich ein Überblick über die bislang erfolglos gebliebenen Ansätze, um den u.U. vorhandenen Leidensdruck oder das Ausmaß an Frustration abschätzen zu können. Dies ist wichtig, um auf die spezifischen Gründe für den jeweils ausgebliebenen Erfolg eingehen zu können.

4. Welche Nachteile könnten auftreten, sobald Sie Nichtraucher sind? Womit müßten Sie sich dann beschäftigen?

Im Anschluß wird nun der Fokus auf die Zukunft gerichtet. Durchweg hat die gewünschte Erreichung des Ziels für den Klienten nicht nur positive Konsequenzen. Schon allein die Tatsache, daß bisherige Lösungsansätze erfolglos blieben, ist ein klarer Indikator, daß es mächtige unbewußte Gründe gibt, welche die Zielerreichung sabotieren. Durch das mentale Hineinversetzen in den Zielzustand sollen diese aufgespürt werden. Auch hier gilt das zu Frage 2 Gesagte, daß es nicht darum gehen kann, bereits perfekte Antworten parat zu haben.

Die Art und insbesondere auch der Umfang der Auskünfte gibt wertvolle Hinweise darauf, wie ausgeprägt und wie zugänglich bzw. unzugänglich dem Klienten diese unbewußten Hindernisse sind.

5. Welche Vorteile bot das Rauchen bisher? Was davon möchten Sie gerne behalten?

Dies resümiert zum einen die vorherigen Fragen, um den Effekt zu intensivieren und das Hauptaugenmerk noch ein wenig mehr auf die bisherigen positiven Aspekte zu lenken, die das Rauchen dem Klienten bot. Zum anderen macht es deutlich, daß es zentraler Ansatz der Energy-Hypnose ist, nicht auf irgendetwas verzichten zu müssen, sondern ganz im Gegenteil: die Bereiche, die einem wichtig sind, behalten und vervollkommnen zu können.

Die Antworten beschreiben, was für den Klienten wichtig ist, und wo seine Werte und Bedürfnisse angesiedelt sind. Dies ist für die Gestaltung der Intervention äußerst sinnvoll und hilfreich.

6. Was brauchen Sie, um Nichtraucher zu sein? Was denken Sie, wieviel Zeit Sie für die Veränderung benötigen werden?

Das Erforschen der als nützlich und notwendig erachteten Ressourcen führt bereits zu deren beginnenden Aktivierung sowie zur bewußten und/oder unbewußten Suche nach möglichen Quellen dafür. Die Angabe des erwarteten zeitlichen Rahmens für die gewünschte Veränderung vermeidet, sich selbst unter kontraproduktiven Erwartungsdruck zu setzen.

Die Ausführungen ermöglichen es dem Coach, die entscheidenden Schritte für eine aussichtsreiche Veränderungsarbeit exakt zu planen und eine Vorstellung davon zu bekommen, welches Tempo der erreichbaren Fortschritte der Klient sich selbst zutraut bzw. zugesteht. Dies zu berücksichtigen ist maßgeblich für dauerhaften Erfolg.

Übung: Fragebogen

1. Wählen Sie ein persönliches Thema oder Ziel und reformulieren Sie die angegeben Fragen in dazu passender Weise.

2. Beantworten Sie nun schriftlich die Fragen ausführlich und in aller Ruhe.

3. Notieren Sie, welche neuen Erkenntnisse Sie über sich und das Thema Sie dadurch bereits gewinnen konnten?

4. Warten Sie drei Tage und notieren Sie, was sich bzgl. Ihres Themas verändert hat und welche zusätzlichen Einsichten sich inzwischen ergeben haben.

5. Bitten Sie mindestens zwei Personen aus Ihrem Bekanntenkreis, Ihnen exemplarisch ein persönliches Thema oder Ziel zu nennen. Es muß sich dabei nicht um ein bedeutendes Problem handeln. Formulieren Sie jeweils einen für diese Themen/Ziele geeigneten Fragebogen analog dem angegebenen.

6. Bitten Sie die Personen, den jeweiligen Fragebogen auszufüllen. Welche Folgerungen ziehen Sie aus den Antworten? Wie würden Sie darauf basierend eine Intervention konzipieren?

12. Transkript Energy-Hypnose-Sitzung

Im Folgenden finden Sie ein typisches Energy-Hypnose-Coaching mit dem Ziel, den Klienten vom Rauchen zu befreien. Im konkreten Fall handelt es sich um einen 42-jährigen Mann, der seit seinem 15. Lebensjahr ohne nennenswerte Unterbrechungen Raucher ist und aktuell nach eigenen Angaben rund eineinhalb Schachteln Zigaretten mittlerer Stärke pro Tag konsumiert.

In der linken Spalte ist der Dialog zwischen Coach und Klient wiedergegeben, während in der rechten Spalte erläutert wird, was im Detail gerade geschieht. Sie profitieren am meisten, wenn Sie die rechte Spalte zunächst abdecken und selbst erkunden, was genau vor sich geht. Ich empfehle dringend, daß Sie dies so gründlich wie möglich durchführen und am sinnvollsten schriftlich festhalten, so daß Sie anschließend Ihre Aufzeichnungen mit den Anmerkungen der rechten Spalte abgleichen können. Dies garantiert die optimale Lernchance.

Im Anschluß an das Transkript finden Sie eine graphische Darstellung des Verlaufs der Trancetiefe, in welcher sich der Klient ab Beginn der Induktion bis zum Abschluß des Extros während der verschiedenen Stadien jeweils befand.

C: steht für verbale Äußerungen des Coach.

K: steht für verbale Äußerungen des Klienten.

(Kursiv und in Klammern) steht für nonverbale Aktionen.

C: Vielen Dank für die Zurücksendung des Fragebogens. Sie haben darauf ja bereits angegeben, daß Ihre Motivation sehr ausgeprägt ist. Das ist ausgezeichnet und bietet die besten Voraussetzungen für den Erfolg.

Der Klient wird in seinem Verhalten honoriert und bestärkt darin, daß die von ihm selbst angegebene Intensität an Motivation eine erfolgversprechende Basis darstellt. Dies stellt auf inhaltlicher Ebene sowohl Pacing als auch Leading in die vorgesehenen Veränderungen dar.

Ich bitte Sie, daß Sie das Ziel unseres heutigen Termins noch einmal in Ihren eigenen Worten formulieren.

Der Klient wird gebeten, sein individuelles Ziel der Sitzung zu formulieren. Dadurch wird der Rahmen des Auftrags an den Coach abgesteckt sowie die Gestaltung des Ziels entsprechend der Wohlgeformtheitskriterien eingeleitet.

K: Ja, ich will mit dem Rauchen aufhören. Ich habe schon vieles versucht: Nikotin-Kaugummis, auch ein interessantes Buch. Für ein paar Tage klappte das auch, aber irgendwann hab ich immer wieder angefangen. Ich weiß ja, daß es ungesund ist und auch eine Menge Geld kostet.

Häufig formulieren Klienten an dieser Stelle zunächst ein wenig konkretes Ziel und beginnen mit weitschweifigen Ablenkungen vom eigentlichen Thema.

<u>C:</u> Das ist genau der Punkt. Die Gründe, mit dem Rauchen aufzuhören, sind jedem hinlänglich bekannt. Dennoch schaffen es nur die wenigsten, dauerhaft von den Zigaretten loszukommen. Nach meinen Erfahrungen wird dabei die körperliche Abhängigkeit massiv überschätzt. Wirkliche Entzugserscheinungen treten tatsächlich kaum auf, und nach spätestens drei bis vier Tagen ist das Nikotin ohnehin komplett aus dem Körper ausgeschieden. Es handelt sich um eine reine Kopfangelegenheit. Entscheidend ist, daß das Rauchen ja eine positive Absicht für Sie erfüllt. Wenn Sie sich das einfach wegnehmen, dann entsteht da sozusagen eine Lücke.	Der Coach nutzt die Gelegenheit und greift die vom Klienten vorgebrachten Anmerkungen auf, um anhand dieser bereits die spätere Intervention vorzubereiten und dem Klienten veränderte Perspektiven und neue Gesichtspunkte aufzuzeigen.
<u>K:</u> So habe ich das bisher noch nicht empfunden.	Die Antwort bestätigt den Erfolg der Intention.

C: Mit Willensanstrengung schafft man das dann durchaus eine Weile, aber es ist dennoch permanent präsent. Das geht in aller Regel solange gut, bis irgendwas dazwischen kommt, beispielsweise Streß, oder man hat beim Ausgehen ein bißchen Alkohol getrunken und damit ist die Hemmschwelle gesunken.	Durch das Beschreiben von Erfahrungen, die vielen Rauchern wohlbekannt sind, soll die Weltsicht des Klienten gespiegelt und mithin der Rapport inhaltlich vertieft werden. Absichtlich wird allgemein von 'man' gesprochen. Dies ermöglicht es dem Klienten, die Aspekte, die seine Situation treffen, auf sich zu beziehen, während jene, die er nicht in der Form kennt oder erlebt hat, vernachlässigen kann, ohne daß dadurch der Rapport negativ tangiert würde.
K: Ja, das kenne ich gut.	Die Antwort bestätigt den Erfolg der Intention.
C: Viele füllen diese entstehende Lücke beispielsweise mit Süßigkeiten. Das ist ja durchaus ein ähnlicher oraler Vorgang. Daß man dabei in aller Regel zügig an Gewicht zulegt, ist natürlich nicht so erfreulich. Und es bleibt doch nur eine Ersatzbefriedigung, welche die Zigaretten nicht wirklich ersetzen kann.	Erneut soll durch das versuchsweise Beschreiben von Erfahrungen, die vielen Rauchern wohlbekannt sind, die Weltsicht des Klienten gespiegelt und mithin der Rapport inhaltlich vertieft werden.

Daher noch einmal die Bitte, das heutige Ziel ganz konkret anzugeben.	Nach dem erfolgten ausgiebigen Eingehen auf die Angaben des Klienten soll dieser nun sein Ziel konkreter als zuvor formulieren.
K: Ich möchte Nichtraucher sein.	Die Antwort ist indes nicht wirklich präziser geworden.
C: Bis wann möchten Sie dieses Ziel erreicht haben?	Daher fragt der Coach an dieser Stelle jetzt spezifischer nach.
K: Mmh, am liebsten gleich. Geht das?	Der Zeitrahmen wird jetzt konkretisiert.
C: Nun, Menschen sind unterschiedlich. Ich habe Klienten, die gehen hier zur Tür raus und fassen nie wieder eine Zigarette an. Ich hatte auch schon Fälle, die konnten und wollten sich nicht mehr daran erinnern, überhaupt je geraucht zu haben. Bei anderen dauert es einige Tage, bis sich die Veränderungen in der Persönlichkeit so integriert haben, daß das Bedürfnis zu rauchen mehr und mehr verschwindet. Das hängt in erster Linie von der Struktur Ihres Unbewußten ab.	Coach steckt das Spektrum der Möglichkeiten ab, wobei darauf geachtet wird, daß der letztendliche Erfolg stets als Präsupposition vorausgesetzt bleibt.

Wir werden darauf im Verlauf der Hypnose noch spezifisch eingehen. Haben Sie bereits Erfahrungen mit Hypnose gemacht?

Für die Vorbereitung ebenso wie für die Art der späteren Induktion ist es von großem Wert, sowohl über die Erfahrungen als auch über die Vorstellungen des Klienten bzgl. Hypnose Informationen zu sammeln.

K: Selbst habe ich noch keine Erfahrungen gemacht. Bin da einerseits ganz neugierig, aber auch ein wenig nervös, was mich da erwartet.

Hat ein Klient bereits eigene Trance- und Hypnoseerfahrungen gemacht, so kann man auf diese rekurrieren und aufbauen. Ist dies nicht der Fall, empfiehlt es sich, zum einen allgemeine Informationen zu diesem Thema anzubieten, und zum anderen Referenzerfahrungen aus dem Erleben des Klienten anzuführen.

Im Fernsehen war da mal so eine Hypnose-Show. Das war sehr beeindruckend.

Sollten die Vorstellungen bzgl. Hypnose von Show-Hypnose geprägt sein, so empfiehlt es sich dringend, darauf einzugehen und deutlich zu machen, daß es sich dabei um etwas völlig unterschiedliches handelt.

C: Ja, das finde ich auch immer. Jedoch handelt es sich bei Show-Hypnose doch um etwas im wesentlichen völlig anderes.

Der Zustand der Hypnose oder auch Trance ist etwas, das Ihnen sehr gut vertraut ist. Sie erleben es im Grunde jeden Abend vor dem Einschlafen: diese angenehme Entspannung, wenn Sie zwar zunächst noch alles wahrnehmen, was um Sie herum so geschieht, und dann doch die Umgebung mehr und mehr in den Hintergrund tritt, während Sie sich nach und nach auf Ihre inneren Vorgänge und Prozesse fokussieren und ab und an auch schon ein bißchen ins Träumen hinübergleiten und mehr und mehr loslassen können.

Dem Klienten wird als Referenzerfahrung der Zustand vor dem Einschlafen angeboten.

Dies geschieht in Ruhe und detailliert, denn der Klient beginnt dabei, sich diesen Zustand zu vergegenwärtigen und dabei unweigerlich schon in eine leichte Trance zu gehen.

Daß der beschriebene Zustand von praktisch jedem als sehr angenehm empfunden wird, begünstigt dies.

K: Ah jaaaa, das ist sehr angenehm.

Die Antwort bestätigt den Erfolg der Intention.

C: Ich erkläre Ihnen noch ein bißchen was zu dem Geschehen, das Sie nun erwartet. Ich werde Sie zunächst in eine leichte Trance begleiten, die es uns ermöglicht, leichteren Zugang zu Ihrem Unbewußten zu finden.
Dann werden wir Schritt für Schritt die höchste positive Absicht ergründen, die für Sie mit dem Rauchen bislang erreicht werden sollte. Diese befindet sich häufig in Bereichen, auf die man mit bewußtem Nachdenken nie kommen würde. Das besonders Schöne dabei ist, daß ich auch gar nichts davon wissen muß.
Anschließend finden wir gemeinsam alternative Möglichkeiten, diese Absicht weit besser zu erfüllen, als das bislang durch das Rauchen bewerkstelligt werden konnte.

Der Coach erläutert nun eingehend den Prozeß der folgenden Intervention. Zum einen bewirkt dies zunehmendes Vertrauen in das Geschehen, denn der Klient gewinnt einen Einblick in das, was ihn erwartet, und es lenkt sein Denken zum anderen bereits unbewußt in eine sinnvolle Richtung.

Da es ohnehin für den Zustand der Trance dienlicher ist, wenn Sie dann nicht mehr sprechen, werden Sie mit sogenannten Fingersignalen mit mir kommunizieren. D.h. Sie bzw. Ihr Unbewußtes geben mir mit dem Zeigefinger der einen Hand ein Ja-

Diese Frage nach einer im Grunde unwesentlichen Entscheidung wird absichtlich nach der Flut von ungewohnten Informationen gestellt. Wichtig ist die eingeflochtene Suggestion, daß das Unbewußte die Fingersignale veranlassen wird.

Signal, wenn ich Ihnen eine Frage stelle, auf die Sie mit 'Ja' antworten wollen. Welche Hand wäre Ihnen für diesen Zweck lieber?

<u>K:</u> Ähhh, mmh, ähh, die rechte. Ich bin ja auch Rechtshänder.

Regelmäßig führt dies zu einem leichten Verwirrungszustand und einer Reorientierung des Klienten, um eine Antwort geben zu können. Dadurch sinken die vorherigen Ausführungen umso leichter aus dem Bewußtsein ins Unbewußte, was für die spätere Intervention weit dienlicher ist. Es verhindert vor allem die wenig fruchtbaren Diskussionen über einzelne Punkte, die in aller Regel auch mehr einem Vermeidungsverhalten als tatsächlichem Informationsbedürfnis entspringen.

Faszinierend auch die Pseudorationalisierung für die getroffene Wahl. Der menschliche Verstand erweckt den Eindruck, darauf ausgelegt zu sein, für jede Entscheidung scheinbar logische Begründungen zu brauchen und zu suchen.

C: Gut, und entsprechend signalisieren Sie dann mit dem Zeigefinger der linken Hand ein 'Nein'.

Die Zuordnung der Signale wird nochmals bestätigt.

Sobald wir dies umgesetzt haben, und Sie dabei allerhand Erfahrungen und Vertrauen in den Zustand der hypnotischen Trance sammeln konnten, werden wir diese weiter vertiefen.

An dieser Stelle wird zum einen die Präsupposition eingebracht, daß die bis dahin gemachten Erfahrungen zu Vertrauen in den hypnotischen Zustand geführt haben werden, und zum anderen, daß darauf aufbauend die Trance weiter vertieft werden kann.

Ich werde Sie zu diesem Zwecke an der Schulter und am Handgelenk berühren. Ist das in Ordnung?

Das Einverständnis für die später physische Berührung wird eingeholt. Einerseits um abzuklären, ob es seitens des Klienten gegen einen solchen Kontakt Einwände gibt, und anderseits, um ihn auf ebendiese Berührung vorzubereiten, so daß später aus dieser nicht eine unangenehme Überraschung entstehen könnte, welche die Trance stören würde. Im Gegenteil führt die so formulierte Ankündigung sogar dazu, daß ihre spätere Ausführung per se tranceverstärkend wirken wird.

K: Ja, das ist kein Problem.	Der Klient zeigt Einverständnis.
C: Haben Sie vorab nun noch irgendwelche Fragen?	Noch einmal wird, auch und gerade im Interesse eines guten Rapports, dem Klienten explizit die Möglichkeit gegeben, etwaige Fragen zu formulieren.
K: Nein, soweit paßt jetzt alles.	
C: Sehr gut, dann lassen Sie uns mit einem kleinen Experiment beginnen. Verschränken Sie bitte die Finger Ihrer beiden Hände ineinander. Nun strecken Sie die beiden Zeigefinger aus und halten diese auseinander. Während Sie bewußt versuchen, diese voneinander getrennt zu halten, wird Ihr Unbewußtes dafür sorgen, daß sie sich mehr und mehr aneinander annähern... wie von einer magnetischen Kraft ziehen sie sich gegenseitig an... mehr und mehr... bis sie sich schließlich berühren und wie aneinander kleben.	Dieser Suggestibilitäts-Test, auch 'Convincer' genannt, hat einerseits den Effekt, den Klienten bereits in einen leichten Trancezustand zu führen und ihm vor allem auch die Kraft und Macht seines Unbewußten zu demonstrieren. Andererseits gibt es dem Coach wertvolle Anhaltspunkte über den Grad an Suggestibilität des Klienten. Dies erlaubt eine gute Einschätzung der notwendigen Form und Dauer der Induktion sowie der Art der Suggestionen während der Hypnose.
K: Erstaunlich!	

Induktion
Sitzung beginnt

<u>C:</u> Gut, dann setzen Sie sich nun bitte ganz bequem hin und legen Sie die Hände auf Ihre Oberschenkel.

Achten Sie auf die Dinge, die Sie hier im Raum noch wahrnehmen können. Vielleicht können Sie das Ticken der Uhr an der Wand hören, und womöglich den Stuhl spüren, auf dem Sie sitzen.

Und während Sie eventuell die Struktur der Schranktür gegenüber erkennen können, ist Ihnen möglicherweise aufgefallen, daß sich Ihr Atem schon ein wenig verändert hat und sich Ihr Körper ein bißchen mehr entspannen konnte.

Die Induktion beginnt mit dem klassischen Lenken der Aufmerksamkeit von drei Wahrnehmungen in der äußeren Umgebung, also Ticken der Uhr (auditiv), Spüren des Stuhls (kinästhetisch), Struktur der Schranktür (visuell)) auf zwei interne Wahrnehmungen (veränderter Atem, entspannterer Körper).

Dabei wird auf bewährte vage Formulierungen im besten Erickson'schen Stil geachtet (vielleicht, womöglich, eventuell, möglicherweise) sowie die sanften Suggestionen von Veränderung und Entspannung im Verhalten eingeflochten, die so ohne weiteres vom Klienten in dieser Situation auch nicht widerlegt werden können.

Da sich der Klient während des Convincers als gutes Trancesubjekt und als sehr suggestibel gezeigt hatte, kann die 3-2-1-Struktur etwas gerafft werden.

Und während Sie meine Stimme hören, die Sie unbewußt die nächste Stunde überall hin begleiten wird, während Ihr Bewußtsein sie gar nicht weiter beachten muß,

Die Aufmerksamkeitsrichtung von Bewußtsein und Unbewußtem wird in unterschiedliche Richtungen gelenkt und dem Bewußtsein suggeriert, es brauche und solle nicht mehr auf das achten, was gesagt wird.

spüren Sie ein wenig in Ihre Schultern wir gemeinsam die Aufgaben, die vor uns liegen.

Hier handelt es sich um eine sog. Interpunktionsambiguität. Das Wort 'Schultern' verbindet zwei völlig unterschiedliche Sätze und tritt auch in zwei verschiedenen Bedeutungen auf: einmal als Substantiv und dann als Verb.
Diese Formulierungen führen zu einer momentanen Verwirrung, die der Ablenkung und damit dem Übergang in den Trancezustand in hohem Maße dienlich ist.

Sie können auch noch ein bißchen auf die Musik im Hintergrund achten und dabei vielleicht bemerken, wie Ihre Augenlider sich mir jedem Blinzeln ein bißchen schwerer anfühlen, bis es einfach angenehmer ist, sie ganz geschlossen zu lassen.

Erneut wird von externen (Musik) auf interne Wahrnehmungen (Schwere der Augenlider) orientiert, zwar immer noch kunstvoll vage ("Sie können... vielleicht bemerken"), jedoch diesmal bereits mit deutlicheren Suggestionen, die das Verhalten des Klienten steuern und ihn zum Schließen der Augen bewegen sollen.

(Klient schließt die Augen)	Die Suggestion erweist sich als erfolgreich.
Sehr gut.	Das Verhalten des Klienten wird positiv kommentiert und damit bestätigt. Dies unterstützt den Rapport und begünstigt die Akzeptanz späterer Suggestionen.
Und ich werde Sie jetzt gleich auffordern, aber erst sobald ich “Jetzt!“ sage, die Augen noch einmal kurz zu öffnen.	Das bereitwillige und problemlose Mitgehen des Klienten mit der vorangegangenen Suggestion des Augenschließens gibt das Startsignal, an dieser Stelle den permissiven Induktionsstil Erickson'scher Art zu verlassen und nun den direktiven Ansatz nach Methoden von Dave Elman zu inkorporieren.
Wenn Sie sie dann wieder schließen, werden Sie bemerken, daß die Ruhe und Entspannung in Ihrem Körper noch deutlich intensiver geworden ist. Jetzt!	Auch hier wird die angestrebte physische Reaktion des Augenöffnens und -wiederschließens kausal verknüpft mit der Suggestion sich intensivierender Entspannung.
(Klient öffnet die Augen, Coach hält Zeige- und Mittelfinger ca. 30 cm vor und über den Augen des Klienten)	Die Suggestion erweist sich als erfolgreich.

Schauen Sie auf meine Finger!

Jetzt wird die Anweisung ganz direkt gegeben.

(Klient schaut auf Finger des Coach, dieser bewegt sie nun zügig vor dem Gesicht und dem Körper des Klienten nach unten, Klient schließt dabei die Augen wieder und atmet entspannt aus)

Das Schließen der Augen in Verbindung mit dem entspannten Ausatmen indiziert die Wirkung der gegebenen Suggestion.

Sehr gut. Und da Sie bemerken konnten, wie die Entspannung in Ihren Körper dadurch zugenommen hat, machen wir das Ganze noch einmal, und Sie können dadurch die Ruhe und Gelassenheit noch einmal verdoppeln. Jetzt!

Da der erste Durchgang offenkundig erfolgreich war, wird die Reaktion des Klienten zum einen positiv bestätigt und nochmals bekräftigt. Darauf baut sich eine erneute Kausalität auf, die unterstellt, daß eine weitere Wiederholung den Effekt sogar noch steigern wird.

(Vorgang wird wiederholt. Client hat deutlich Schwierigkeiten, die Augen noch einmal zu öffnen)

Die Zögerlichkeit beim erneuten Öffnen der Augen ist ein sehr guter Indikator für die inzwischen erreichte Tiefe des veränderten Zustandes des Klienten.
Dieses mittels Aufforderung zum kurzzeitigen Öffnen der Augen bewirkte leichte Herauskommen des Klienten aus dem hypnotischen Zustand mit anschließendem wieder

Sitzung ohne Induktion mit Zählen

Und wie Sie bemerken konnten, ist es jetzt viel angenehmer, die Augen geschlossen zu halten und dieses angenehme Gefühl der Schwere von den Augenlidern aus auf Ihren gesamten Körper auszudehnen. Genau.

Und nun, da Sie erleben können, wie sich Ihr Körper völlig entspannt hat, kann sich auch Ihr Geist völlig entspannen und völlig frei werden.

Ich werde nun von zehn zurück bis null zählen, und mit jeder Ziffer wird sich Ihr Geist mehr und mehr entspannen.

in diesen zurücksinken, bedeutet eine Fraktionierung der Trance. Der regelmäßige Effekt ist ein fortschreitend jedesmal tieferer Trancezustand, wie die Reaktion des Klienten verdeutlicht.

Die Reaktion des Klienten wird wiederum aufgegriffen und utilisiert, um mittels einer einfachen Konjunktion ('und') das Gefühl der Schwere von den Augenlidern auf den Rest des Körpers zu übertragen.

Mittels einer kausalen Konjunktion ('da'), soll die offensichtliche körperliche Entspannung auf den Geist des Klienten ausgeweitet werden.

In dieser Weise prädeterminiert wird dem Klienten nun angekündigt, was als nächstes geschehen wird und wiederum mit Hilfe einer einfachen Konjunktion ('und') die Suggestion angebogen, daß das Zählen die Entspannung seines Geistes bewirken wird.

Zehn – Neun – bitte achten Sie kurz auf die Gedanken, die da kommen und vorbeiziehen – Sieben – Sechs – Fünf, und es fühlt sich besser und besser an – Vier – Drei – und ohne Zweifel haben Sie nun schon einen sehr angenehmen Zustand erreicht – Eins – Null

Das langsame und ruhige Zählen, in das noch einige verstärkende Suggestionen eingeflochten werden, zeitigt die beabsichtigte Wirkung. Einige Zahlen werden in anderen Begriffen 'versteckt' (**Acht**en, **Zwei**fel), so daß das Bewußtsein verwirrt und desorientiert wird, während das Unbewußte solche eingebauten Strukturen sehr wohl zu erkennen in der Lage ist, und die damit verbundene Suggestion umso bereitwilliger befolgt.

Und es kann sogar noch ein bißchen tiefer gehen: minus Eins – minus Zwei – minus Drei.

In ähnlicher Weise bewirkt das vorher unangekündigte, jedoch selbstredend eine logisch sinnvolle Fortsetzung darstellende Zählen in den negativen Zahlenraum Überraschung und Verwirrung sowie eine weitere Intensivierung des suggerierten Entspannungszustandes.

Da Ihr Geist nun völlig offen und frei ist, ist die Zeit gekommen, daß ich mich an den Teil Ihrer Persönlichkeit wende, der bislang für das Rauchen die Verantwortung getragen hatte.

Das Sechs-Stufige Reframing beginnt mit der Kontaktaufnahme mit dem für das Rauchen verantwortlichen Persönlichkeitsanteil des Klienten.

(Coach verändert seine Sitzposition und spricht von einer neuen Richtung aus zum Klienten)

Diese Veränderung in der Sprechrichtung bedeutet ein analoges Markieren, das unterstreicht, daß nun mit einem anderen Aspekt der Persönlichkeit des Klienten kommuniziert wird als bisher.

Ich würdige ausdrücklich alles, was Du bislang für Herrn K. getan und zu erreichen versucht hast. Ich weiß, daß Du immer absolut positive Absichten verfolgt hast. Und sobald Du nun bereit bist, mit uns zu kommunizieren, bitte ich Dich, mir dies mit dem rechten Zeigefinger zu signalisieren.

Der Persönlichkeitsanteil wird nun zunächst ausdrücklich respektiert und bestätigt, so daß auch mit diesem exzellenter Rapport ermöglicht wird. Der Übergang zum 'Du' betont die Differenzierung im Zielobjekt der Ansprache. Daraufhin wird dessen Kommunikationsbereitschaft abgefragt.

Das Wörtchen 'sobald' impliziert dabei, daß diese Bereitschaft vorhanden ist, lediglich die Zeitspanne bis zu einer Reaktion wird offengelassen (dies ist der entscheidende Unterschied und Vorteil gegenüber den Worten 'wenn' oder 'falls'!)

(Nach einiger Zeit bewegt sich zaghaft der rechte Zeigefinger des Klienten)

Kontakt ist etabliert.

Ich bedanke mich sehr herzlich dafür, daß Du bereit bist, mit uns Kontakt aufzunehmen. Ich bitte Dich nun, K. mitzuteilen, welche positive Absicht Du bislang mit dem Rauchen für Ihn erreichen wolltest. Und sobald Du es ihm mitgeteilt hast, zeigst Du mir dies bitte wieder mit dem rechten Zeigefinger an.	Die Reaktion wird gewürdigt und die zweite Stufe eingeleitet mit der Frage nach der positiven Absicht.
(Nach einiger Zeit bewegt sich zaghaft der rechte Zeigefinger des Klienten)	Frage wird mit einer 'Ja'-Reaktion beantwortet.
Vielen Dank. Und wenn Du nun noch ein bißchen tiefer schaust, gibt es vielleicht hinter dieser Absicht verborgen noch einen weiteren Zweck, den Du damit für K. erreichen wolltest. Ist das so?	Der Übergang zur dritten Stufe erfolgt, innerhalb derer die höchste positive Absicht gefunden werden soll. Da es sich bei K. um einen Kinästheten handelt, wird sein Unbewußtes visuell angesprochen.
(Nach einiger Zeit bewegt sich zaghaft der rechte Zeigefinger des Klienten)	Frage wird mit einer 'Ja'-Reaktion beantwortet.
Sehr gut! Und auch diesen kannst Du ihm nun wieder mitteilen, und mir dies dann mittels eines Zeichens des rechten Zeigefingers signalisieren.	Die Prozedur wird wiederholt.

(Nach einiger Zeit bewegt sich zaghaft der rechte Zeigefinger des Klienten)	Frage wird mit einer 'Ja'-Reaktion beantwortet.
Sehr gut, vielen Dank! Und wenn Du nun noch ein bißchen tiefer schaust, gibt es vielleicht hinter dieser Absicht verborgen noch einen weiteren Zweck, den Du damit für K. erreichen wolltest. Ist das so?	Die Prozedur wird wiederholt.
(Nach einiger Zeit bewegt sich zaghaft der linke Zeigefinger des Klienten)	Frage wird mit einer 'Nein'-Reaktion beantwortet, d.h. die höchste positive Absicht ist gefunden.
Nein. Wir haben nun also die höchste positive Absicht gefunden, die Du in der Vergangenheit mit dem Rauchen für K. zu erreichen suchtest. Kannst Du diese Absicht denn tatsächlich mittels Rauchen realisieren? Essen	Die Frage nach der Verbindung von höchster positiver Absicht und bisherigem Verhalten wird gestellt.
(Nach einiger Zeit bewegt sich zaghaft der linke Zeigefinger des Klienten)	Frage wird mit einer 'Nein'-Reaktion beantwortet.

Nein, nicht wirklich. Wäre es denn in Deinem Interesse, daß wir einige neue Alternativen finden, mittels derer Du von nun an diesen Zweck viel besser erreichen kannst als durch das Rauchen?
Essen

Einverständnis für die Suche nach neuen Optionen wird ausdrücklich eingeholt.

(Nach einiger Zeit bewegt sich zaghaft der rechte Zeigefinger des Klienten)

Frage wird mit einer 'Ja'-Reaktion beantwortet.

Sehr gut! Dann bedanke ich mich vorerst für Deine freundliche Kooperation und wende mich nun an den Teil Ihrer Persönlichkeit, der all Ihre Kreativität, Originalität und Phantasie umfaßt.

Der Teil wird nochmals ausdrücklich gewürdigt, und anschließend der Übergang zur vierten Stufe des Prozesses eingeleitet.
Der Klient wird nun wieder mit 'Sie' angesprochen, um auch auf diese Weise zu verdeutlichen, daß die Phase abgeschlossen ist.

(Coach verändert seine Sitzposition erneut und spricht von einer wieder anderen Richtung aus zum Klienten)

Diese Veränderung in der Sprechrichtung bedeutet ein analoges Markieren, das unterstreicht, daß erneut mit einem anderen Aspekt der Persönlichkeit des Klienten kommuniziert wird als bisher.

Sobald nun also ein kreativer Teil bereit ist, mit uns zu kommunizieren, soll er dies wieder mittels eines Zeichens mit dem rechten Zeigefinger signalisieren.

Die Kommunikationsbereitschaft des kreativen Teils wird erfragt.

(Nach einiger Zeit bewegt sich zaghaft der rechte Zeigefinger des Klienten)

Kontakt ist etabliert.

Vielen Dank, Du weißt ja nun, worum es geht, ich bitte Dich daher, daß Du Schritt für Schritt fünf neue Alternativen findest, welche die positive Absicht des anderen Teils weit besser erfüllen, als dies früher durch das Rauchen geschah. Jedes Mal, wenn Du eine neue Variante gefunden hast, zeigst Du es mir bitte mittels des rechten Zeigefingers in der vertrauten Form an.

Der kreative Teil wird gewürdigt und um die Erarbeitung von fünf Alternativen gebeten sowie darum, dies jeweils anzuzeigen.

(Nacheinander bewegt sich der rechte Zeigefinger des Klienten fünf Mal)

Klient zeigt die gewünschte Reaktion.

Vielen Dank! Ich wende mich nun wieder an den ursprünglichen Teil, der früher für das Rauchen zuständig war.

Die Kommunikation mit dem kreativen Teil ist abgeschlossen. Nun wendet sich der Coach wieder an den ersten Teil.

(Coach verändert seine Sitzposition wieder zurück zu jener, von der aus er zu dem ersten Teil des Klienten gesprochen hatte)	Diese Veränderung zurück in die vorherige Sprechrichtung bedeutet ein analoges Markieren, das unterstreicht, daß erneut der ursprüngliche Teil angesprochen wird.
Du hast ja nun die fünf Alternativen gehört, die der kreative Teil entwickelt hat. Ich frage Dich nun der Reihe nach für jede einzelne davon, ob dies jeweils eine neue Verhaltensoption ist, die Dir gefällt, und die Du von nun an umsetzen möchtest.	Der Teil wird um Bewertung und Einverständnis für jede der fünf neuen Alternativen gebeten.
(Coach geht die fünf gefunden Varianten einzeln durch und achtet auf die jeweiligen Fingersignale; im konkreten Fall zeigte der Klient bei Alternative Nummer Zwei ein 'Nein'-Signal mittels des linken Zeigefingers, so daß diese schlicht entfällt)	Das Abfragen ergibt, daß außer der zweiten Variante alle akzeptiert werden.
Vielen Dank, Du hast also von nun an vier neue Handlungsalternativen, die Deine höchst positive Absicht weit besser verwirklichen können als dies früher das Rauchen konnte, und welche Du von nun an in Deiner Verantwortung umsetzten kannst.	Dieses Ergebnis wird nochmals zusammengefaßt und suggestiv bekräftigt.

(Coach nimmt wieder die ursprüngliche Position ein)

Da nun vier neue Optionen bestehen, was die erforderliche Mindestanzahl von drei Alternativen sogar noch übersteigt, ist Stufe Vier damit (zumindest vorerst) abgeschlossen.

Und so ist nun die Zeit gekommen zu fragen, ob es irgendwelche anderen Teile in Ihrer Persönlichkeit gibt, die Vorbehalte gegen die vier neuen Alternativen haben?

Es folgt also die fünfte Stufe: der Öko-Check, der abklären soll, ob die neuen Verhaltensvarianten nicht nur im Interesse des früheren Raucher-Teils liegen, sondern auch in Einklang mit der Gesamtpersönlichkeit des Klienten stehen.

(Nach einiger Zeit bewegt sich zaghaft der linke Zeigefinger des Klienten)

Frage wird mit einer 'Nein'-Reaktion beantwortet. D.h. erkennbar gibt es keine Vorbehalte seitens anderer Aspekte der Person des Klienten.

Sehr gut, damit ist nun alles perfekt für die Verwirklichung der neuen Alternativen und der Erreichung Ihres Ziels.

Auch dieses Ergebnis wird nochmals zurückgespiegelt und suggestiv bekräftigt.

Ich bitte Sie daher nun, daß Sie sich in Ihrer Vorstellung einen Monat in die Zukunft versetzen.

An einen Zeitpunkt also, an dem Sie Ihr Ziel, rauchfrei zu sein, bereits erreicht haben.

abgenommen zu haben

Fühlen Sie ganz intensiv, wie angenehm es ist, dieses Ziel erreicht zu haben und wie schön es ist, nun schon seit einigen Wochen Erfahrungen mit Ihren neuen Möglichkeiten gemacht zu haben. Schauen Sie sich um, wie es um Sie herum aussieht, und was es vielleicht auch zu hören gibt.

Nun kann also die finale Stufe des Sechs-Stufigen Reframings durchgeführt werden.

Der Klient wird zeitlich in die Zukunft orientiert, hin zu einem Zeitpunkt, da sein Ziel bereits erreicht ist, um diesen Zustand assoziiert intensiv zu erleben.

Die drei wichtigsten Sinneskanäle VAK werden ausdrücklich angesprochen, um die Aufmerksamkeit umfassend auf die vollständige sinnliche Erfahrung zu lenken.

An dieser Stelle wäre das klassische Schema abgeschlossen. Das Verfahren der Energy-Hypnose geht allerdings nun einige entscheidende Schritte weiter. Denn dem traditionellen Sechs-Stufigem Reframing fehlen wesentliche energetische Aspekte, von denen die Erfahrung erwiesen hat, daß sich dadurch der Erfolg deutlich stabilisiert, und sich die sonst oft erforderlichen Nachfolge-Termine erübrigen.

Und sobald Sie diesen Zustand ausgiebig genug genossen haben, bitte ich Sie: schweben Sie aus sich heraus, gehen Sie in so eine Art Adlerperspektive und blicken Sie von dort aus hinunter auf den K., der sein Ziel erreicht hat.
Überlegen Sie, ob er vielleicht noch irgendeine Eigenschaft, irgendeine Fähigkeit oder Ressource brauchen könnte, damit er sein Ziel noch perfekter erreicht. Gibt es da noch irgendwas?

Der Klient wird nun aus sich und der Situation dissoziiert. Aus dieser Perspektive fällt es erheblich leichter zu beurteilen, welche zusätzlichen Ressourcen noch einzufügen wären, um das Erreichen des Ziels zu garantieren.

(Nach einiger Zeit bewegt sich zaghaft der rechte Zeigefinger des Klienten)

Frage wird mit einer 'Ja'-Reaktion beantwortet.

Ja, da gibt es noch etwas. Daher bitte ich Sie, daß Sie nun rückwärts durch die Zeit schweben, wie über eine Linie, die Ihr ganzes Leben repräsentiert, Stück für Stück, Jahr für Jahr, Schritt für Schritt, bis zu einer Erinnerung oder einer Erfahrung, als Sie diese Fähigkeit schon einmal zur Verfügung gehabt hatten. Und sobald Sie das gefunden haben, zeigen Sie es mir bitte wieder an.

Klient wird aufgefordert, sich peau a peau in die Vergangenheit zu orientieren und dort die gewünschte Ressource ausfindig zu machen.

(Nach einiger Zeit bewegt sich zaghaft der rechte Zeigefinger des Klienten)

Die 'Ja'-Reaktion indiziert, daß der Klient fündig geworden ist.

Sehr gut! Und nun machen Sie diese Erfahrung noch ein bißchen intensiver, spüren Sie in jeder Zelle Ihres Körpers, wie angenehm es ist, diese Fähigkeit zu haben. Und dann machen Sie es noch ein bißchen stärker.

Suggestionen werden gegeben, um den Klienten in die Erfahrung hinein zu assoziieren, das Empfinden dieser Ressource so intensiv und lebhaft wie möglich zu machen und sie damit zu verstärken.

Und sobald es für Sie genau richtig ist, nehmen Sie es mit in die Zukunft, hin zu Ihrem Ziel.
Und dann achten Sie einmal darauf, wie dies Ihr Ziel nun noch weiter bereichert hat, was sich nun noch besser anfühlt, was sich alles verändert hat.

Der Klient wird anschließend wieder in die Zielsituation assoziiert und die neue Ressourcen in diese eingefügt.
Die dezidierten Hinweise auf die Veränderungen gegenüber zuvor, die vorteilhafterweise als Verbesserungen deklariert werden, intensivieren die Erfahrung und sensibilisieren für die Fortschritte.

Und sobald Sie dies nun noch intensiver genossen haben, gehen Sie wieder in die Adlerperspektive und schauen Sie, ob der K. dort unten noch etwas brauchen könnte. Gibt es da noch etwas?

Nach einer weiteren Suggestion, welche die Vorfreude auf die Erfahrung des realisierten Ziels nochmals steigert, wird der Klient erneut dissoziiert, um nach weiteren notwendigen oder sinnvollen Ergänzungen Ausschau halten zu können.

(Nach einiger Zeit bewegt sich zaghaft der linke Zeigefinger des Klienten)

Nein. Jetzt hat er alles zusammen, jetzt ist alles perfekt.
Und daher bitte ich Sie: schweben Sie wieder hinunter, gehen Sie wieder in sich hinein und genießen Sie noch einmal das perfekte Erreichen Ihres Zieles.

Und dann blicken Sie zurück in die Vergangenheit, als die Gegenwart noch Zukunft war und die Vergangenheit Gegenwart, und kehren Sie dann ins Heute zurück.

Und von hier aus machen Sie in Gedanken schon einmal den ersten wichtigen Schritt in Richtung auf Ihr Ziel in der Zukunft zu.
Freuen Sie sich auf all die kleinen und großen Schritte und auf all die aufregenden Veränderungen, die da nun auf Sie warten.

Frage wird mit einer 'Nein'-Reaktion beantwortet.

Daher wird der Klient aus der Dissoziation wieder zurück in die Assoziation mit sich und der Erfahrung gebracht, und diese verstärkt.

Dieses Spiel mit den temporären Bezügen wirkt desorientierend; mit der Absicht, die zeitliche Zuordnung der Zielerreichung zu verwirren und somit schon in die Gegenwart zu transferieren.

Und ein weiteres Mal wird das zukünftige Geschehen mit erfreulichen Affekten aufgeladen und der Transfer der Ergebnisse in die Zukunft durch den gedanklich zu machenden Schritt dorthin sichergestellt.

Und nun werde ich Sie an der rechten Schulter berühren. So, wie ich es Ihnen zuvor angekündigt hatte.	Die nachfolgende Berührung wird angekündigt. Dies ist zum einen wichtig, um jegliches eventuelles Störpotential des physischen Kontakts auszuschließen, zum anderen aktiviert es die im Vorgespräche gegebene Suggestion, dies würde im Zusammenhang mit einer Vertiefung der Trance geschehen, so daß durch die Ankündigung eine entsprechende Erwartungshaltung befördert wird.
(Coach legt dem Klienten die linke Hand auf die rechte Schulter)	Körperliche Kontaktaufnahme erfolgt.
Ganz sanft, und mit jedem leichten Druck meiner Hand werden Sie noch tiefer und tiefer in diesen angenehmen Zustand der Hypnose gleiten, tiefer und tiefer.	Trancevertiefende Suggestionen und Ankündigungen werden gegeben.
(Coach drückt wiederholt leicht, aber spürbar die Schulter des Klienten)	Ankündigung wird umgesetzt. Besonders in der jetzigen Phase führt derartiges Verifizieren der angesagten Handlungen zu einer Verstärkung des Rapports und zu bereitwilligerem Befolgen noch kommender Suggestionen.

Und während Sie tiefer und tiefer gleiten, nehme ich Ihr rechtes Handgelenk und hebe Ihren Arm an.	Die nächste Aktion wird angekündigt.
(Coach faßt mit der rechten Hand das rechte Handgelenk des Klienten und hebt dessen Arm damit sanft in die Höhe)	Ankündigung wird umgesetzt.
Lassen Sie den Arm einfach so in der Luft schweben und spüren Sie einmal in Ihren rechten Zeigefinger hinein. In diesem sind nun alle guten Gefühle, die Sie je in Ihrem Leben gefühlt haben, und all die Energie versammelt, die Sie sich jemals gewünscht haben. Und die guten Gefühle und die Energie wollen noch stärker werden, und die guten Gefühle und die Energie wollen sich von Ihrem Finger aus ausdehnen, zunächst in die Hand und von dort aus in den Arm und von dort aus noch weiter in jede Faser Ihres Körpers hinein. Jaaa, ganz genau.	Die Aufmerksamkeit des Klienten wird auf den rechten Zeigefinger gelenkt. Dabei handelt es sich wohlüberlegt um den Finger, der zuvor mit einer positiven 'Ja'-Haltung verknüpft worden war. Es werden Suggestionen bzgl. guter Gefühlen und Energie gegeben. Dabei werden die Formulierungen möglichst allgemein gehalten, um dem Klienten größtmöglichen Freiraum zu geben, seine persönlichen Erfahrungen und Präferenzen an dieser Stelle einzubringen.

Und ich kann nun Ihre Schulter loslassen und Sie können dadurch noch tiefer in die Hypnose gehen.
Und Sie lassen Ihren Arm weiter in der Höhe und er wird sich genau so langsam herabsenken, wie sich all die Veränderungen vollständig in Ihre Persönlichkeit integriert haben, und Ihre Hand wird sich erst dann wieder auf Ihren Oberschenkel legen, sobald sich alles perfekt neu strukturiert hat.
Und ich werde derweilen schweigen, so daß Ihr Unbewußtes die Aufgabe völlig ungestört vollziehen kann.

Da nun alle Veränderungen und Ziele installiert wurden, soll der Klient Gelegenheit bekommen, diese für sich ungestört gänzlich zu verinnerlichen.
Die Bewegung des Arm zeigt dabei an, wie weit dieser Prozeß gediehen ist, und wann die Integration umgesetzt ist.

(Coach schweigt daraufhin, während sich der Arm des Klienten langsam nach und nach senkt, bis die rechte Hand nach einer Weile wieder auf dem Oberschenkel ruht)

Die Anweisung bzgl. der Armlevitation wird ausgeführt.

Sehr gut. Und ich gebe Ihnen nun 10 Minuten Zeit, um all die energetischen Anpassungen durchzuführen, die es Ihnen von nun an ermöglichen, dieses und noch viele andere Ziele, die Sie haben, perfekt und in Ihrer Zeit zu erreichen.

Ich werden dazu den Gong, schlagen. Lassen Sie sich von dem angenehmen Klang davontragen, und wenn ich nach 10 Minuten den Gong erneut erklingen lasse, werden Sie alle energetischen Ressourcen aktiviert haben.

Ein zentrales Anliegen der Energy-Hypnose besteht darin, generativ zu arbeiten und zu wirken.

Das bedeutet, nicht einfach nur das aktuelle Thema in den Griff zu bekommen, sondern generalisierte Lernerfahrungen zu vermitteln, die weit darüber hinaus gehen.

Der Klienten und vor allem sein Unbewußtes werden in die Lage versetzt, fortan auch noch beliebige andere Problematiken auf neue Weisen anzugehen und aufzulösen.

Es wird also auf sog. Deutero-Lernen im Sinne von Gregory Bateson hingewirkt (auf Deutsch etwas holprig und nicht exakt treffend häufig als 'Lernen lernen' bezeichnet).

(Coach schlägt den Gong; sobald dieser langsam verklungen ist, wartet er ca. 20 Sekunden (!) und schlägt diesen erneut an)

Die Ankündigung wird scheinbar umgesetzt. Jedoch werden anstelle der angekündigten 10 Minuten lediglich 20 Sekunden Zeit zwischen den beiden Gongs eingeräumt.

In der tiefen Trance, in der sich der Klient inzwischen befindet, induziert diese Diskrepanz, die von den Klienten nie als solche registriert wird, eine ausgeprägte Zeitverzerrung, welche dramatisch förderliche Effekte auf die interne Verarbeitung, Verankerung und Umsetzung der gegebenen energetischen Lernsuggestionen ausübt.

Die Nutzung dieser beeindruckenden Reaktionen wird bedauerlicherweise von praktisch keinem Hypnotiseur in Betracht gezogen.

Der Einsatz eines akustischen Signals für Beginn und Ende, wie in diesem Beispiel eines Gongs, unterstützt die mentale Separation dieses sehr speziellen Prozesses vom Rest des Geschehens.

Nun hat Ihr Unbewußtes auf angenehme Weise all das gelernt, was es braucht, um dieses und noch viele andere Ziele von nun an erreichen zu können.

Die gerade gemachte Erfahrung wird verbal noch einmal bestätigt und bekräftigt.

Und Ihr Unbewußten, das wissen Sie ja, funktioniert am besten, je weniger das Bewußtsein davon weiß, und je weniger das Bewußtsein damit zu tun hat.
Und so ist es wohl eine gute Idee, wenn Sie alles vergessen, was Ihr Bewußtsein gar nicht zu wissen braucht, denn Ihr Unbewußtes weiß alles, was es braucht. So können Sie alles vergessen, was wir gemacht haben, so wie einen Traum, von dem man gerade noch wußte, daß man ihn hatte, aber nun weniger und weniger greifen kann, was man eigentlich geträumt hatte.
Und doch hatte man ihn, und seine Wirkung bleibt dadurch sogar noch besser erhalten.

Es wird Amnesie suggeriert in Bezug auf den Großteil der Geschehnisse der vorangegangenen Hypnose-Sitzung.
Auch dies geschieht in sehr vager Weise, so daß es dem Unbewußten des Klienten überlassen bleibt, welche Passagen es der bewußten Erinnerung zugänglich machen möchte und welche nicht.
Insgesamt ist es durchaus vorteilhaft, je weniger davon vom Bewußtsein abrufbar sein wird, denn umso weniger kann dieses kritisch oder störend die angestoßenen Prozesse negativ beeinflussen.

Langsam, ganz langsam ist jetzt die Zeit gekommen, wieder völlig ins Hier und Jetzt zurückzukommen.
Genießen Sie noch ein bißchen den angenehm entspannten Zustand.
Ich werde jetzt langsam von Eins bis Zehn zählen, und mit jeder Zahl werden Sie ein bißchen mehr die Umgebung hier wahrnehmen, doch erst, sobald ich bei Zehn angekommen bin, öffnen Sie wieder die Augen und fühlen sich wunderbar erholt und ausgeruht, wie nach einem erholsamen Schläfchen.

Der Klient wird nun auf sanfte Weise auf das Extro eingestimmt.
Wert wird darauf gelegt, daß er sich im Anschluß gut und erholt fühlen soll. Dies erleichtert zudem die Bereitschaft, aus dem sehr angenehmen Zustand der Trance wieder ins Wachbewußtsein zurückkehren zu wollen.
Entsprechende Suggestionen werden vermittelt.

Eins – Zwei – Drei – Sie nehmen jetzt meine Stimme schon wieder deutlich wahr – Vier – Fünf – und spüren die Lehne des Stuhls, auf dem Sie sitzen – Sechs – und hören jetzt wieder bewußt die Musik im Hintergrund – Sieben – und nehmen auch schon wieder das Licht wahr, das durch Ihre Augenlider fällt – Acht – Neun – und jetzt öffnen Sie wieder die Augen – Zehn – strecken Sie sich, schauen Sie sich um, atmen Sie tief durch! Vielleicht wollen Sie auch etwas Wasser trinken?!

Es folgt das angekündigte Extro mit der schrittweisen Reorientierung auf die Außenwelt sowie das 'Hier und Jetzt'.

(Klient und Coach trinken ein paar Schluck Wasser aus ihren Gläsern)	
Welche Veränderung bezüglich des Rauchens empfinden Sie jetzt?	Die Frage nach der wahrnehmbaren Veränderung wird gestellt. Die Aufmerksamkeit des Klienten soll dadurch von dem vorangegangenen Prozeß weggelenkt werden, auch um die Amnesie zu begünstigen und zu beschleunigen. Zusätzlich soll er sich der erreichten Fortschritte umgehend bewußt werden.
K: Mmh, ich weiß nicht. Jedenfalls habe ich momentan keine Lust auf eine Zigarette.	Anscheinend war die Intervention von Erfolg gekrönt ☺

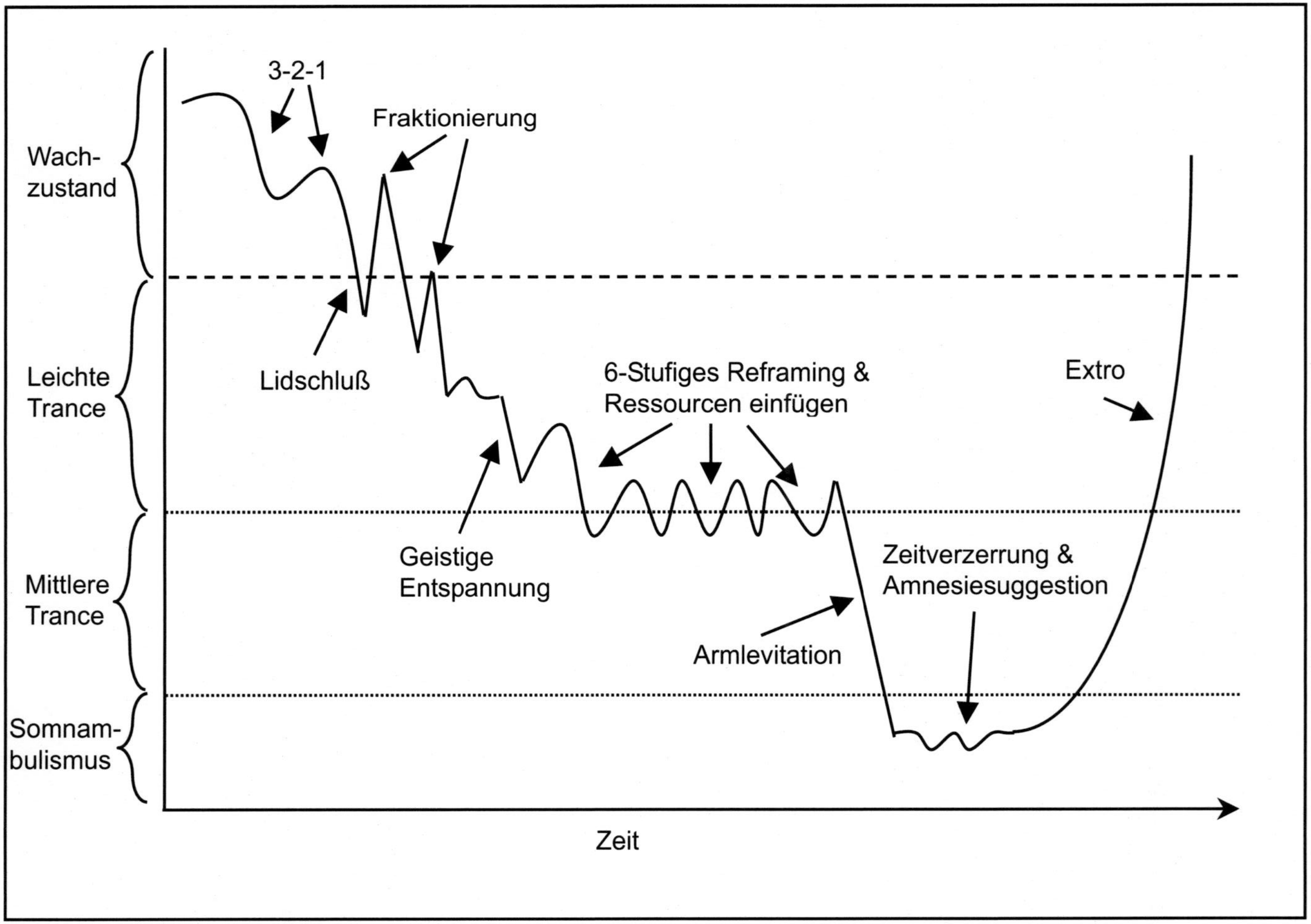

Abbildung 4: Trance-Verlauf

13. Abschluß

Im Laufe dieses Buches haben Sie vieles gelernt: über Energy-Hypnose, über Ihr Unbewußtes und über sich selbst. Sie haben zahlreiche Übungen absolviert und das Transkript durchgearbeitet. Daher haben Sie sich nun als weitere Belohnung eine kleine energetische Geschichte verdient.

Natürlich ist auch diese so gestaltet, daß sie Ihnen viele Bereicherungen und Anregungen geben wird. Deshalb noch ein kleiner Rat: suchen Sie sich eine ruhige Ecke, nehmen sich ungefähr 20 Minuten Zeit, entspannen Sie sich und lesen Sie die Geschichte im Ganzen auf einmal durch. Das gewährleistet den maximalen Effekt. Am allerbesten ist es, wenn Sie dies vor dem Schlafengehen machen wollen.

Ich wünsche Ihnen schon mal angenehme und aufschlußreiche Träume!

Herzlichst

Dr. Claus Wunderlich

14. Epilog: Die Sonne und das Familienbuch

Gegen Abend senkt sich die Sonne mehr und mehr Richtung Horizont, immer tiefer und tiefer sinkt sie herab, schwer und müde von den Erlebnissen des Tages, um schließlich nach und nach, Stück für Stück hinter ihm zu versinken. Wie ein Blinzeln beginnt die Dämmerung, bis irgendwann die Nacht sich schwer über das Geschehen schließt. Die Sonne ist jetzt andernorts unterwegs, weit weg. Sie schläft und träumt ganz sanft und entspannt und sieht nicht mehr, was sich während ihrer Abwesenheit so alles tut. Doch es geschieht natürlich eine ganze Menge in der Dunkelheit. Vieles wandelt sich, manches verschwindet - sogar sehr, sehr altes. Anderes entsteht ganz neu, und einige Dinge nehmen eine völlig veränderte Gestalt an.

Es war oft während solcher Abenddämmerungen, daß wir als Kinder Verstecken spielten. Gerade dann, wenn sich eine warme, entspannte Stimmung über die Landschaft nieder senkte. Du weißt ja sicherlich noch, wie man das spielt, nicht wahr? Einer verdeckt die Augen und zählt langsam laut von zehn rückwärts: 10 – 9 – 8 – 7 – 6 – 5 – 4 – 3 – 2 – 1! Derweilen verstecken sich die anderen an ganz verschiedenen Orten; je besser man es macht, desto schwieriger ist man zu finden. Und so dauerte es oft sehr lange, bis der Suchende so manchen gefunden hatte. Ich kann mich erinnern, einmal, da war ich es, der die anderen suchen sollte, und es gab ein Mädchen, das konnte ich einfach nicht wiederfinden. Obwohl ich alle anderen schon lange entdeckt hatte. Ich suchte überall, wo ich mir nur ausmalen konnte, daß sie sein müßte oder könnte: hinter Bäumen, in Büschen, in einer alten Scheune, unter einer Tonne, auch unter abgestellten Autos... überall. Sie tauchte einfach nirgends auf. Ich begann mir langsam Sorgen zu machen, schließlich wurde es inzwischen richtig finster. Auch die anderen halfen mittlerweile bei der Suche nach ihrem Versteck. Wir riefen und liefen herum, immer aufgeregter und mit leichter Panik. Es dauerte eine Zeit, bis irgendwann einer meinte, wir hätten jetzt alles abgesucht, wo sie sein könnte. Wahrscheinlich mache sie sich einen Spaß und sei schon lange nach Hause gegangen. Das klang durchaus stimmig, denn wir kannten sie, und hatten ähnliches mit ihr schon öfters erlebt.

Sie stammte ja schließlich auch aus einer sehr ungewöhnlichen Familie. Einer sehr, sehr alten Familie. In dieser Familie gab es etwas ganz besonderes: es war ein sehr altes und schweres Buch, das schon seit vielen, vielen Jahrhunderten im Besitz der Familie war und immer von einer Generation zur nächsten weitergegeben wurde. Da es so alt war, und auch jeder sich intensiv damit auseinandergesetzt hatte, weil es sehr angenehm war, darin zu blättern, waren die Seiten schon sehr vergilbt. Der Umschlag war zwar immer mal wieder erneuert worden, doch es dauerte nie lange, bis er wieder völlig abgegriffen wirkte.

Die Sprache des Buches war oft und an vielen Stellen ein wenig altertümlich und schwerfällig, dennoch konnte eine jede Generation und ein jedes Mitglied der Familie genau erkennen, was dort geschrieben stand, und was es zu bedeuten hatte. Auch wenn manches gar nicht so wirklich verständlich und einleuchtend schien. Besonders ansprechend waren auch die vielen schönen Bilder, die hie und da einen Teil einer Seite und manchmal auch eine ganze Seite zierten. Viele waren in unbeschreiblich schönen Farben gemalt, die auch über die Jahrhunderte und Jahrzehnte kein bißchen verblaßt waren. Dann gab es jedoch auch Zeichnungen, die nur in Schwarz-Weiß waren, und manche wirkten sogar nur wie Entwürfe, die nie vollendet werden konnten. Es wurde oft gerätselt, ob die Bilder alle von demselben stammten, doch niemand konnte darauf je eine Antwort finden. Genausowenig wie auf die Frage, ob denn die Texte von verschiedenen Autoren stammten. Irgendwie interessierte sich dann irgendwann auch keiner mehr dafür.

Viel wichtiger war es immer gewesen, daß der Inhalt genau befolgt wird. Und das wurde mit allem Nachdruck von Eltern zu Kindern und von Großeltern zu Enkeln und von einem zum anderen weitergegeben. Manches schien zwar merkwürdig und vielleicht auch gar nicht oder nicht mehr so recht passend, doch es wird schon alles seinen Sinn und Zweck haben. Und wenn man ihn noch nicht so ganz durchschaut, dann vielleicht, weil man noch zu jung oder nicht klug genug ist. Schließlich ist das Buch und das, was darin steht, ja schon viel älter und hat doch auch in der Vergangenheit immer allen gute Dienste geleistet? Sonst wäre es sicherlich auch nicht immer weiter und weiter gegeben worden, nicht wahr? Und sonst hätten doch auch nicht alle und jeder alles darin beachtet?

Und dennoch war es manchmal so, und mit den Jahren und Jahrzehnten und Jahrhunderten, die ins Land gingen, war es immer öfter und häufiger so, daß manches und mehr und mehr nicht mehr so recht zu passen schien. Und auch gar nicht mehr so recht funktionierte. Ja oft ertappten sich Mitglieder der Familie dabei, daß sie sehr unglücklich waren, traurig mit ihrem Leben, ohne so recht zu wissen, woran es liegen könnte. Dabei hatte noch für ihre Eltern und Großeltern alles so wunderbar geklappt und gestimmt, was das Buch so alles geraten und gesagt hatte. Klar, alles war auch nicht immer vollständig perfekt. Wer will das schon erwarten? Aber eigentlich kamen sie doch mit sich und der Welt ganz gut zurecht? Und das, obwohl vieles damals ja sehr viel schwieriger war.

Und schließlich bekam das Mädchen aus dem Versteckspiel, später, als sie erwachsen geworden war, irgendwann das Buch mit viel Ehrfurcht überreicht. Sie war schon immer ein bißchen anders gewesen als der Rest der Familie. Kein Wunder also, daß man ihr noch besonders viele mahnende und gutgemeinte Ratschläge und Worte mit auf den Weg gab. Natürlich war sie von klein auf damit aufgewachsen, die Bedeutung des Buches zu lernen, und so war sie sehr glücklich und aufgeregt, es nun in all der Pracht tatsächlich in ihren Händen halten zu können. Neugierig konnte sie es gar nicht erwarten, es zu verschlingen von der ersten bis zur letzten Seite. Und sie war erstaunt, wieviel es ihr zu geben hatte, und wie schön es war und wie sehr es ihr Wissen und ihr Leben zu bereichern vermochte. Und so bekam es einen Ehrenplatz in ihrer Wohnung, und wann immer sie konnte, las sie darin und holte sich wertvollen Rat aus diesen alten Geschichten ihrer Familie, die über die Zeit nichts an Bedeutung und Weisheit verloren hatten. Grade in Momenten, in denen es ihr mal nicht so gut ging, wo sie traurig und sogar ein bißchen verzweifelt war, war es ein unbeschreiblicher Fundus an Trost und voller unschätzbarer Tips, wie sie alles wieder in die richtigen Bahnen wird bringen können.

Eines Nachts, viele Jahre später, zu eine Zeit als alles seinen geregelten Lauf ging, sie ihr Leben gut eingerichtet hatte, und die Tage kamen und gingen, wie sie es lange gewohnt war, hatte sie eines Nachts einen ungewöhnlichen Traum. Meist träumte sie nicht viel, nur manchmal. Oft konnte sie sich zwar nach dem Aufwachen noch ein bißchen an das Geträumte erinnern, aber schon bald verblaßte die Erinnerung nach und nach, so als rinne sie wie Sand durch die Finger, bis letztendlich gar nichts Greifbares mehr in ihrer Erinnerung davon übrig blieb. Wer weiß, wie oft sie daher diesen Traum schon früher einmal gehabt hatte, ohne sich heute noch daran erinnern zu können? Wahrscheinlich oder vielleicht war aber auch einfach die Zeit damals noch nicht reif genug gewesen. Denn diesmal war alles anders. Mitten in der Nacht schreckte sie aus dem Traum hervor, war auf der Stelle hellwach und konnte mit einer Klarheit, wie sie sonst wohl nur Erleuchtete erleben dürfen, alles deutlich erkennen: dieser Mehltau an dumpfer, unterschwelliger Traurigkeit und Tristesse, der sich über ihre Tage fast unbemerkt gelegt hatte, dieses vage Gefühl des Unglücklichseins und der Sinnlosigkeit, das sie immer auf die eine oder andere Weise mit zugegebenermaßen immer weniger Erfolg aus ihrem Leben und Empfinden zu verbannen versucht hatte - das alles hatte sie nicht befallen trotz des Buches, sondern gerade wegen des Buches!

Von einem auf den anderen Augenblick hatte sich nun die ganze Sicht und Perspektive geändert. Wie in einem Rausch stand sie auf und blätterte das Buch von vorne bis hinten durch. Zugegeben, es stand viel Wahres und Gutes darin, doch sie erkannte jetzt auch sehr deutlich, daß auch jede Menge totaler Schwachsinn und Quatsch darin geschrieben war. Irgendwie konnte sie plötzlich gar nicht mehr verstehen, daß sie und ihre Vorfahren immer jeden Buchstaben so unkritisch für bare Münze genommen hatten. Und wieso kam grade sie und grade jetzt darauf, wieviel Blödsinn sie und die anderen so lange geglaubt und befolgt hatten? War es ihr Unbewußtes, das aus irgendeinem unbekannten Grund mehr oder anderes sah und mitteilte, als das der anderen? Oder lag es vielleicht daran, daß sie schon immer ein bißchen anders - wie sagt man so schön - tickte? Und schon so manches Mal Neues und Ungewöhnliches probiert und gemacht hatte. Ziemlich clever war sie nämlich tatsächlich schon immer gewesen.

Und an und für sich spielt es ja auch gar keine Rolle, wo das nun herkam oder was der Grund war. Es war ihr auch egal, sie war einfach viel zu glücklich, daß ihr diese ganzen Schuppen jetzt endlich von den Augen gefallen waren. Mit frischer Energie machte sie etwas, was niemand in ihrer Familie je gewagt hätte: sie riß all die Seiten heraus, die einfach zu bescheuert waren. Andere ließ sie drin, lachte allerdings sehr herzhaft über das, was dort zu lesen war. Und natürlich gab es auch ein paar Dinge, viele sogar, die sie nach wie vor für sehr sinnvoll und hilfreich erachtete. So kam sie zu der Erkenntnis, daß manche Texte zu der Zeit, als sie entstanden waren, bestimmt sehr angemessen gewesen sein dürften, aber inzwischen einfach überholt waren, anderes hingegen waren schon immer idiotisch gewesen, da war sie ganz sicher. Und einiges ist auch heute noch wertvoll. Ob es das morgen auch noch sein wird? Das kann nur die Zukunft zeigen. Fest steht jedenfalls nichts.

Sie fand, es war nun an der Zeit, dieses alte Buch in den Schrank zu stellen. Dort hatte es seinen Platz, denn sie wollte sich auch in Zukunft an es erinnern und vielleicht hin und wieder auch einen Blick hinein werfen. Darum war es gut zu wissen, daß es dort steht, und daß sich die Bedeutung von nun an gründlichst gewandelt hat. Und sie dachte sich auch, daß sie nun ihr eigenes Buch schreiben sollte, das all das beinhalten sollte, was für sie wichtig und wertvoll ist. Es wurde ein sehr gutes Buch, soviel ist sicher.

Und sie vergaß nicht, ganz dick auf die allererste Seite, noch vor dem Inhaltsverzeichnis und den Danksagungen, zu schreiben: Du kannst, darfst und sollst jederzeit ganz neue und völlig andere Dinge in dieses Buch schreiben, wann immer Du denkst oder fühlst, die Zeit dafür sei gekommen. Und man kann jedes Wort und jeden Satz durchstreichen, wenn immer es nicht mehr paßt. Ja sogar ganze Seiten magst Du herausreißen, wenn Dir danach ist. Und wer weiß, vielleicht kommt sogar irgendwann der Tag, wo ich das ganze Buch wegwerfen will und muß, um mir gerecht zu werden und glücklich zu sein. Dann ist es vielleicht soweit, mal wieder ein ganz und gar neues Buch zu schreiben, oder womöglich wirst Du dann gar keines mehr brauchen. Wer weiß das schon?

Sehr wahrscheinlich brauchte es tatsächlich einen so außergewöhnlichen Menschen, um so etwas Mutiges und Entschlossenes zu tun. Kein Wunder also, daß sie schon als Kind Freude daran hatte, sich so gut zu verstecken, daß keiner sie finden konnte. Erst am nächsten Morgen, ganz in der Früh, tauchte sie plötzlich wieder auf. Sie hat nie erzählt, wo sie sich die ganze Zeit versteckt hatte, und so weiß auch ich es nicht. Aber sie teilte den anderen mit, nicht ohne eine gute Portion Triumph in der Stimme: "Ich war die ganze Zeit da und habe Euch beobachtet. Es hat mir riesigen Spaß gemacht zu sehen, wie ihr mich gesucht habt. Aber ICH wollte bestimmen, wann Ihr mich wieder zu Gesicht bekommt!". Ja, so war sie schon immer: ein bißchen eigenwillig, sehr geschickt und unglaublich schlau. Wir freuten uns darüber, daß sie nun wieder ein Teil von uns war, denn sie gehörte auf jeden Fall dazu, auch wenn sie eine Zeitlang aus unserem Blickfeld verschwunden gewesen war. Sobald die richtige Zeit gekommen ist, taucht eben alles wieder auf.

So wie auch die Sonne am Morgen wieder auftaucht. Zunächst mit einer blassen Dämmerung, die nach und nach heller wird, bis endlich der erste schmale Streifen der leuchtenden Scheibe wieder über dem Horizont zu sehen ist. Und Stück für Stück erhebt sie sich nun mehr und mehr über diesen, um schließlich wieder in voller strahlender Pracht herabzublicken vom Himmel, den sie am Abend zuvor verlassen hatte. Und sie sieht nun, daß vieles ganz anders ist, als sie es von gestern noch in Erinnerung hat. Manches hat sich sehr gründlich verändert in der Zeit, als sie woanders war. Doch es interessiert sie auch gar nicht so sonderlich, wie und warum und wozu das alles geschehen sein mag, denn sie weiß ja, daß es gut ist, was sich ihr nun präsentiert. Und auch in Zukunft so sein wird.

Und so denkt sie gar nicht mehr darüber nach, was sich in ihrer Abwesenheit verändert hat, sondern bemerkt nur ab und zu, heute und in den Tagen, die noch kommen werden, an der einen oder anderen Stelle, auf die eine oder andere Weise, was nun alles besser geworden ist, als es früher einmal gewesen war. Und sie erfreut sich daran und ist sehr dankbar, daß auch und grade dann, wenn sie gar nichts davon weiß und sich gar nicht darum kümmern braucht, Großartiges geschehen und entstehen kann.

15. Literaturverzeichnis

Bandler, Richard und Grinder, John (2005), Reframing. Ein ökologischer Ansatz in der Psychotherapie (NLP), 8. Auflage; Junfermann Verlag, Paderborn

Bandler, Richard (1990), Veränderung des subjektiven Erlebens, Fortgeschrittene Methoden des NLP, 3. Auflage; Junfermannsche Verlagsbuchhandlung, Paderborn

Bandler, Richard und Grinder, John (1985), Neue Wege der Kurzzeittherapie, Neurolinguistische Programme, 4. Auflage;
Junfermannsche Verlagsbuchhandlung, Paderborn

Bandler, Richard und Grinder, John (1991), Metasprache und Psychotherapie, Die Struktur der Magie II, 5. Auflage;
Junfermannsche Verlagsbuchhandlung, Paderborn

Bandler, Richard und Grinder, John (2001), Metasprache und Psychotherapie, Die Struktur der Magie I, 10. Auflage; Junfermann Verlag, Paderborn

Bateson, Gregory (1985), Ökologie des Geistes: Anthropologische, psychologische, biologische und epistemologische Perspektiven, 10. Auflage;
Suhrkamp Verlag, Berlin

Berne, Eric (1983), Was sagen Sie, nachdem Sie Guten Tag gesagt haben?: Psychologie des menschlichen Verhaltens, 21. Auflage; Fischer (Tb.), Frankfurt

Bodian, Stephan (2006), Meditation für Dummies: Wirken Sie mit Meditation dem Alltagsstress entgegen und steigern Sie ihr Wohlbefinden, 2. Auflage;
Wiley-VCH Verlag, Weinheim

Byrne, Rhonda (2007), The Secret - Das Geheimnis, 17. Auflage;
Arkana Verlag, Götting

Cooper, Linn und Erickson, Milton (2004), Time Distortion in Hypnosis, An Experimental and Clinical Investigation; OTC Publishing Corp., Boca Raton FL

Derra, Claus (2007), Progressive Relaxation: Grundlagen und praktische Durchführung für Ärzte und Therapeuten; Deutscher Arzte-Verlag, Köln

Ekman, Paul und Friese, Wallace (2003), Unmasking the Face, A Guide to Recognizing Emotions from Facial Expressions; Malor Books, Cambridge MA

Elman, Dave (1984), Hypnotherapy, New Edition;
Westwood Publishing Co, US

Erickson, Milton und Rossi, Ernest (2007a), Hypnose erleben. Veränderte Bewusstseinszustände therapeutisch nutzen;
J. G. Cotta'sche Buchhandlung Nachfolger GmbH, Stuttgart

Erickson, Milton und Rossi, Ernest (2007b), Hypnotherapie. Aufbau, Beispiele, Forschungen, 9. Auflage;
J. G. Cotta'sche Buchhandlung Nachfolger GmbH, Stuttgart

Erickson, Milton und Rossi, Ernest und Rossi, Sheila (2009), Hypnose: Induktion. Psychotherapeutische Anwendung. Beispiele. 7. Auflage;
J. G. Cotta'sche Buchhandlung Nachfolger GmbH, Stuttgart

Gordon, David (2005), Therapeutische Metaphern, 6. Auflage;
Junfermann Verlag, Paderborn

Grinder, John und Bandler Richard (2006), Therapie in Trance, Neurolinguistisches Programmieren (NLP) und die Struktur hypnotischer Kommunikation, 12. Auflage; J. G. Cotta'sche Buchhandlung Nachfolger GmbH, Stuttgart

Grinder, John und Deloizer, Judith und Bandler, Richard (1996), Patterns of the Hypnotic Techniques of Milton H. Erickson, M.D. Volume II;
Grinder & Associates, Scotts Valley CA

Havener, Thorsten und Spitzbart, Michael (2010), Denken Sie nicht an einen blauen Elefanten!: Die Macht der Gedanken, 9. Auflage; rororo Verlag, Reinbek

Hicks, Esther und Hicks, Jerry (2008), Wünschen und bekommen: Wie Sie Ihre Sehnsüchte erfüllen; Ullstein Taschenbuchverlag, Berlin

James, Tad und Flores, Lorraine und Schober, Jack (2007), Kompaktkurs Hypnose: Wie man Phänomene tiefer Trance hervorruft. Ein umfassender Leitfaden, 2. Auflage; Junfermann Verlag, Paderborn

Kossak, Hans-Christian (2004), Hypnose. Mit Audio-CD: Ein Lehrbuch für Psychotherapeuten und Ärzte, 4. vollst. überarb. Auflage;
Beltz Psychologie Verlags Union, Weinheim

Meier, Dave (2000), The Accelerated Learning Handbook: A Creative Guide to Designing and Delivering Faster, More Effective Training Programs;
Mcgraw-Hill Professional

Mohl, Alexa (2007), Das Metaphern-Lernbuch: Geschichten und Anleitungen aus der Zauberwerkstatt, 5. Auflage; Junfermann Verlag, Paderborn

Mohr, Bärbel (2004), Bestellungen beim Universum. Ein Handbuch zur Wunscherfüllung, 14. Auflage; Omega-Verlag, Aachen

Murphy, Joseph (2005), Die Macht Ihres Unterbewusstseins. Affirmationen für Glück und Erfolg; Ariston Verlag, München

Rand, Ayn (1964), The Virtue of Selfishness;
Signet, New York NY

Rizzolatti, Giacomo und Sinigaglia, Corrado (2008), Empathie und Spiegelneurone: Die biologische Basis des Mitgefühls; Suhrkamp Verlag, Berlin

Rosen, Sidney (Hrsg.) (2006), Die Lehrgeschichten von Milton H. Erickson, 8. Auflage; Iskopress, Salzhausen

Satir, Virginia (2004), Kommunikation, Selbstwert, Kongruenz: Konzepte und Perspektiven familientherapeutischer Praxis; Junfermann Verlag, Paderborn

Schultz, Johannes (2010), Autogenes Training: Das Original Übungsheft: Die Anleitung vom Begründer der Selbstentspannung, 25. Auflage;
Trias Verlag, Stuttgart

Shapiro, Francine und Forrest, Margot (2007), EMDR in Aktion: Die neue Kurzzeit-Therapie in der Praxis, 3. Auflage; Junfermann Verlag, Paderborn

Watzlawick, Paul und Beavin, Janet und Jackson, Don (2003), Menschliche Kommunikation, Formen, Störungen, Paradoxien, Nachdruck der 10. Auflage; Verlag Hans Huber, Bern